« C'EST PAS GRAVE,
T'AS QU'À ADOPTER… »

Du même auteur

Trop jeune pour mourir, 2005.

Perrine HUON

« C'EST PAS GRAVE, T'AS QU'À ADOPTER… »

Michel LAFON

118, avenue Achille-Peretti – CS 70024
92521 Neuilly-sur-Seine Cedex

www.michel-lafon.com

À Timothée et Pierre-Alix.

À tous ceux qui ont
des idées reçues sur l'adoption
et à ceux qui doutent.

AVANT-PROPOS

Avant que vous ne commenciez la lecture de ce livre, il me faut absolument préciser que chaque histoire d'adoption est unique. Je livre là *ma* version, mes colères, mes révoltes, mes ravissements et mes petits bonheurs, qui seront très probablement différents du ressenti d'autres adoptants, voire controversés. Nous avons tous une manière singulière de vivre cette aventure, nous avons tous un passé particulier, une façon d'intégrer les choses. Et puis il y a fatalement une histoire de moyens aussi. C'est une inégalité révoltante. Nous avons clairement été privilégiés d'avoir les moyens d'adopter à l'étranger, et nous en sommes conscients.

Nous entrons tous dans le parcours de l'adoption internationale par des chemins divers. Mon histoire n'est pas celle de votre tante qui a adopté il y a vingt ans, ni celle de votre cousine qui a accueilli un enfant il y a deux semaines, ou même celle de vos amis qui auraient adopté un enfant du même âge, à la même date et dans le même orphelinat que nous. Trop de critères sont à prendre en compte pour oser une comparaison.

L'adoption internationale est en perpétuel mouvement. Les pays d'origine des enfants s'ouvrent et se ferment parfois du jour au lendemain. En matière d'adoption, l'instabilité et l'incertitude sont reines. Les adoptants sont souvent peu considérés dans les débats de certains pays, alors que dans d'autres, les associations d'adoptants ont un vrai pouvoir consultatif.

Nous sommes les parents pauvres de la parentalité, ceux qui passent après tout le monde. Du moins, c'est le sentiment que j'ai eu pendant toute la procédure. Nous sommes considérés par les ignorants comme des prothèses pour enfants, jamais comme des parents. Les têtes pensantes parlent toujours de l'intérêt de l'enfant, jamais de celui des parents, pourtant l'un ne va pas sans l'autre à mon sens.

Et puis les gens font mine de comprendre, « Oh oui, c'est dur ! » Mais NON, ils ne comprennent pas ! Il faut le vivre pour pouvoir dire « je comprends ». La douleur d'être veuf-orphelin d'un enfant biologique qu'on n'aura jamais est à ce point insupportable. C'est un véritable deuil, et la refonte complète d'une vie. Des vallées de la colère aux cimes de la résilience, il y a toute une série de paliers à franchir, encordés l'un à l'autre.

Avant-propos

Aujourd'hui, je décide de jouer du clavier pour raconter l'aventure aussi douloureuse que merveilleuse qu'est le deuil d'un enfant biologique et l'accueil d'un enfant du bout du monde. Avec une certitude, et je n'attends pas la fin du livre pour le dire : les liens du cœur sont aussi forts que les liens du sang.

– 1 –

LE PRIX D'UNE VICTOIRE

Mai 2000, Lille.

Déjà deux mois que je suis enfermée dans cette chambre stérile. Deux mois que je n'ai pas vu le visage de mes proches à découvert. Ils ne peuvent pas entrer sans avoir enfilé masque, sarrau et chaussons en papier. L'hôpital tout entier est sinistre. Mon service transpire la mort. Et ma chambre, aux fenêtres scellées, ne fait pas exception. Ici, pas question de décorer les murs de jolis posters colorés : mon univers doit rester aseptisé, au propre comme au figuré. Il ne faudrait pas que je puisse me concentrer sur autre chose que ma douleur. Et pour ne pas faire tache au pays de l'Asepsie, je suis moi-même nue comme un ver : plus de cheveux, plus de poils, même plus d'ongles.

Et tout ça pourquoi ? Parce qu'un jour, et j'aimerais bien savoir lequel, une bande de globules blancs ont complètement disjoncté et déclaré la guerre à toutes les autres cellules de mon sang. J'avais une leucémie.

Après ces deux mois de chimiothérapie à haute dose, les blouses blanches me ponctionnent de la moelle osseuse pour voir si le poison qu'est la chimiothérapie a rempli son office. Mais, pas de bol, les blastes – les cellules cancéreuses – ont bu le produit comme du petit-lait. Le traitement n'a eu aucun effet. C'est qu'elles sont coriaces, ces saloperies ! Et là, branle-bas de combat, car ce n'est pas du tout comme ça que les choses devaient se passer, évidemment.

C'est à partir de cet échec que toutes mes souffrances commencent… et que se décide, aussi, tout mon bonheur futur.

Ne pas avoir réussi la première épreuve signifie que je dois subir une greffe de moelle osseuse, et qui dit greffe dit pour moi stérilité définitive. Très schématiquement, on peut expliquer les choses comme ça : la moelle osseuse est notre usine à fabriquer le sang ; or la mienne est défaillante, puisqu'elle produit de méchants globules blancs qui me privent d'un système immunitaire efficace, il faut donc la remplacer. Et comme on ne construit pas une nouvelle usine sur un terrain vague, il faut nettoyer la place. C'est le rôle des traitements prégreffe, durant lesquels madame Chimiothérapie et monsieur Radiothérapie unissent leurs forces pour tout décaper sur leur passage… Emportant avec eux quelques biens précieux, tels que mes ovaires, qui ont été grillés et réduits à l'état de petits cailloux inutiles.

Ce cancer du sang m'a déclaré la guerre le 6 mars 2000, juste après mes premiers partiels de droit. J'avais dix-huit ans, un petit copain, et tout me souriait. Je me voyais terminer brillamment de longues études de journalisme ou de commerce. J'habiterais dans un loft. Mon mari serait expert-comptable. C'était le cursus que poursuivait Renaud, mon petit ami, et comme je me marierais avec lui, c'était plutôt logique. Et puis nous aurions plusieurs enfants. Des petits Renaud-Perrine. J'étais curieuse de voir ce que donnerait notre mélange… Ma vie était emplie de rêves d'adolescente. L'insouciance était de mise, et tant mieux.

Et puis il y a eu « ça ». J'ai raconté toute cette période de ma vie dans mon premier livre[1]. J'ai expliqué comment, la chimio n'ayant pu agir seule contre cette leucémie, j'ai été greffée grâce au don de moelle osseuse de ma sœur Claire, seize ans à l'époque. Claire, que je remercie encore de tout mon cœur de ce merveilleux cadeau qu'elle m'a fait et qui m'a sauvé la vie. Après une longue bataille, et grâce aussi au soutien indéfectible de mon précieux

1. *Trop jeune pour mourir*, Éditions Michel Lafon, 2005.

« clan », ma famille et mon compagnon, la hache de guerre a été enterrée, les blastes ont hissé le drapeau blanc et ont fui le campement. Ma vie pouvait reprendre son cours.

« Ma vie pouvait reprendre son cours »… En fait, c'était complétement faux ! Le cours de ma vie avait irrémédiablement changé. Plus rien n'était comme avant. J'ai dû tout reprendre à zéro, y compris réapprendre à manger, à marcher, et même à respirer, tant j'étais agressée par les odeurs du monde extérieur… Toutes mes certitudes concernant l'avenir s'étaient effondrées. Il y avait moi d'un côté, et de l'autre il y avait le reste de l'humanité, qui soudainement m'était totalement inconnue. J'avais quitté la danse trop longtemps, j'avais perdu le rythme. Comment reprendre le fil de son existence quand on sort de cet enfer ? Le cancer est une double peine.

Passé la joie d'être vivante, si je faisais le bilan de tout ce dont la lutte contre cette maladie m'avait privée à jamais et de tout ce qu'elle m'avait apporté, je pensais que le positif était nettement supérieur au négatif : cette merveilleuse soif de vivre, cette impression de mieux apprécier les plus petits moments de bonheur, toutes ces preuves d'amour de mes proches, les liens qui se sont encore resserrés au sein du clan…

Donc j'ai vécu heureuse, j'ai goûté la vie avec délectation pendant… un an, deux ans. Trois ans peut-être. Et puis, « bam » ! Le contrecoup. Le noir. J'étais en vie, certes, mais je ne pourrais jamais donner la vie à mon tour. Et ça, c'était la plus vicieuse des condamnations. Invisible et latente, elle a provoqué en moi une douleur lancinante qui, au fil des années, s'est « étalée » jusqu'à prendre toute la place, et en devenir intolérable.

– 2 –

UNE DÉCISION DÉLICATE

J'ai rencontré Renaud, mon mari, en février 1997. J'avais quinze ans. Depuis, nous ne nous sommes jamais quittés. Nous avons traversé l'adolescence, la leucémie et tout le reste ensemble. Nos caractères se sont forgés au contact l'un de l'autre depuis si longtemps que nous sommes totalement complémentaires.

L'épreuve du cancer nous a fait devenir adultes plus vite que les autres, et maintenant il allait falloir affronter « notre » stérilité, comme le disait si joliment Renaud. Cela ne cadrait pas du tout avec notre projet de vie. Renaud voulait une colonie d'enfants, moi j'imaginais des petits « nous-deux » dont les gènes seraient savamment répartis. Notre amour personnifié, en somme. Mais le destin en avait décidé autrement, et nous n'avions pas d'autre choix que de l'accepter, pour continuer d'avancer.

« C'est pas grave, t'as qu'à adopter... »

Au moment où j'ai appris que je ne pourrais pas avoir d'enfants, alors que d'autres auraient légitimement hurlé, je n'ai pas eu de réaction violente. Je n'ai pas réalisé ce que cela représentait. J'avais dix-huit ans, et tout projet de maternité me paraissait bien loin. Mais, surtout, ma priorité était d'affronter la maladie et de la vaincre. J'ai évacué ce problème, je l'ai mis en dessous de la pile. Je pense que j'ai simplement fait un déni de stérilité. Avec toute la morphine que j'avais dans le sang, il faut dire que j'avais les neurones aux abonnés absents et que je n'étais pas en état de réfléchir à grand-chose !

De toute façon, mon petit frère Victor, huit ans, avec qui j'avais une relation fusionnelle, m'avait promis que, quand il serait grand, il me donnerait un de ses enfants ! Il n'aimait pas me voir malheureuse et, pour lui, ce geste d'amour paraissait tout à fait normal. Je lui en ai reparlé il y a quelques années. C'est étrange, il n'était plus vraiment d'accord...

Claire, ma sœur cadette, était prête, quant à elle, à me prêter son ventre et ses gènes similaires aux miens quand j'en aurais besoin. Ils étaient tous adorables et me prouvaient là leur amour infini. C'était ça, notre clan.

Lors de la deuxième chimio, les médecins m'avaient en effet proposé, par précaution, de pratiquer un prélèvement de tissu ovarien que l'on pourrait au besoin réimplanter à l'issue des traitements et qui me permettrait (peut-être) d'avoir des enfants. (Peut-être, car il n'y avait à l'époque aucune certitude que cette technique fonctionnerait un jour.) Mais j'avais refusé leur offre, arguant que je ne voulais pas subir d'anesthésie. La vérité, c'était que je ne mesurais tout simplement pas l'intérêt de cette technique pour moi, puisque je n'avais pas « intégré » le fait que ces traitements très lourds pouvaient me rendre stérile. Ma réponse avait été si catégorique que personne n'avait eu envie de me faire changer d'avis.

Quelques mois plus tard, cependant, juste avant la greffe de moelle, l'équipe médicale m'avait redonné la possibilité d'un prélèvement de tissu ovarien. Et cette fois, j'avais accepté, car j'avais pu mesurer la chance que cette technique pourrait représenter si elle était un jour au point. Malheureusement, au moment où il était prévu que cette intervention ait lieu, mon état s'était fortement dégradé, et ce n'était plus envisageable. Trop risqué. Sur le coup, toujours aussi « shootée » à la morphine, je n'avais pas réalisé l'importance de ce rendez-vous manqué… Jusqu'à ce jour de septembre 2004 où j'ai appris qu'une femme avait réussi à donner naissance à un bébé grâce à la réimplantation de tissu ovarien prélevé avant la chimio et congelé. Je me rappellerai toute ma vie où j'étais et qui m'accompagnait ce jour-là. Le choc fut excessivement violent.

Mais j'ai relativisé récemment, car on m'a expliqué qu'en 2014 cette technique était encore très expérimentale et que très peu de femmes en France avaient pu y recourir. Elle nécessite de recevoir des doses d'hormones très importantes, qui peuvent elles-mêmes provoquer d'autres problèmes de santé, car il faut être en état de les supporter.

Après la greffe et les dégâts irréversibles sur mes ovaires, ma gynécologue, dont j'étais très proche, est venue me voir à l'hôpital pour me parler, en présence de Renaud, des autres possibilités que l'adoption qui s'offraient à nous. Lorsqu'elle quitta la chambre, je souriais, pleine d'espoir : grâce à l'insémination, tout n'était pas fichu, et je pourrais le sentir un jour, ce petit bébé dans mon ventre. Car je commençais à y songer, finalement. L'éventualité d'être privée de quelque chose donnant en général envie de l'obtenir, j'avais décidé que je voulais absolument avoir des enfants, et pouvoir les porter même s'ils n'avaient pas mes gènes.

Mais j'étais très jeune encore, et le combat contre le cancer n'était pas terminé ; je me suis donc à nouveau focalisée sur l'essentiel : guérir.

C'est pendant ma convalescence et à l'issue d'un rendez-vous de contrôle avec le gynécologue de l'hôpital que nous avons reparlé de tout cela sérieusement avec Renaud. Avant le rendez-vous, j'avais encore un infime espoir d'avoir conservé un petit morceau d'ovaire suffisant pour nous permettre d'avoir notre bébé. Mais nous avions appris que mes ovaires avaient été totalement grillés au rayon X. Ils étaient définitivement HS.

Mon utérus restait en revanche « théoriquement fonctionnel », me dit-on prudemment. Je pourrais « probablement » porter un enfant à grand renfort d'hormones de substitution fortement dosées. Mais jamais je ne donnerais naissance à un bébé ayant mes gènes, puisque fournir le capital génétique, c'était le boulot des ovaires. Mon ventre serait un tiroir dans lequel l'ovule d'une autre femme, fécondé par un spermatozoïde de mon mari, serait soigneusement déposé par une horde de blouses blanches armées d'un matériel médical aussi stérile que moi. Ou bien, pour que Renaud et moi soyons à égalité, cela pourrait être un ovule et un spermatozoïde tout aussi anonymes l'un que l'autre. Ou bien encore, pour éviter de faire subir à mon corps déjà bien abîmé tous ces traitements supplémentaires, nous pouvions faire appel à une mère porteuse à l'étranger pour qu'elle joue le rôle du tiroir à bébé. Et puis, bien sûr, il fallait faire confiance à la recherche médicale, qui avançait à pas de géant...

Mais nous avons décidé que j'avais eu ma dose question « souris de laboratoire » : tous les protocoles des chimios que j'avais subies étaient expérimentaux, j'avais assez servi de cobaye. Pour

Renaud, il était de toute façon vraiment hors de question de me voir retourner à l'hôpital pour subir de nouveaux traitements lourds.

C'est pour ça que la solution de l'adoption lui était rapidement apparue comme une évidence.

Depuis l'annonce à l'hôpital de « notre » stérilité, Renaud savait tout simplement que nous suivrions cette voie. Je suis certaine qu'il n'en a jamais douté. Il a évoqué plus tard une émission de télé où des couples étaient réunis sur un plateau pour parler de la façon dont ils avaient réussi à devenir parents « autrement », et affirmé que seuls ceux qui avaient adopté lui avaient paru heureux et sereins.

Et il avait raison, du haut de ses vingt et un ans. Nous n'avancions tout simplement pas au même rythme. Pour arriver à l'adoption, il avait pris l'autoroute et moi de petites départementales sur lesquelles je m'égarais, je m'arrêtais, je faisais demi-tour...

Pour moi, c'était en effet bien loin d'être limpide. Je n'étais pas du tout prête à accepter l'idée que nous devrions adopter. Ce n'était pas quelque chose de naturel chez moi que de devenir parent adoptif. Je me demandais comment faisaient les couples pour aimer un enfant adopté autant qu'un enfant biologique. En serais-je capable ? Et puis le fait qu'il y ait deux mères dans ces histoires me perturbait. Comment l'enfant aussi bien que les parents parvenaient-ils à gérer ça ? Je n'avais vraiment pas envie d'être mise un jour K.-O. par un rageur « T'es pas ma mère ! » D'ailleurs, me sentirais-je vraiment la mère de cet enfant ou aurais-je toujours l'impression de n'être pour lui qu'une mère de substitution ? Autant de questions dont je n'avais pas l'ombre d'une réponse rassurante.

C'est donc sans conviction que j'ai déclaré être d'accord pour l'adoption. De toute façon, nous n'étions pas encore mariés et nous étions trop jeunes pour avoir des enfants, même si nous en parlions depuis longtemps. Je pouvais bien dire oui, cela ne m'engageait pas à grand-chose. Mais au fond je restais accrochée à mon rêve de porter « notre » bébé. Et je ne me voyais pas du tout accueillir un enfant qui n'ait pas nos gènes.

*

* *

À cette même période, fin 2002, le premier bébé faisait son apparition dans ma belle-famille. Voir ma belle-sœur enceinte était un crève-cœur pour moi, et tous les prétextes étaient bons pour éviter de la croiser.

Lorsque Candice est née, on me l'a mise dans les bras pour que je lui donne le biberon. Je n'en avais aucune envie. Puisque je ne pouvais pas enfanter, je ne voulais pas entendre parler des bébés des autres.

Indépendamment de ce rejet lié à ma stérilité, petite fille puis adolescente et même jeune femme, je ne me suis jamais spécialement intéressée aux tout-petits, ils ne m'attendrissaient pas. Je les trouvais plutôt moches, même ! Alors comment aurais-je pu imaginer une seconde ce qui m'est arrivé quand la petite a atterri dans mes bras ? Cette sensation si nouvelle, si agréable et si douce que j'ai éprouvée à son contact. Cette chaleur si apaisante, cette fragilité si touchante. Je suis passée de l'indifférence à l'adoration ! Et j'ai commencé à accepter l'inéluctable : avec ou sans moi, la famille s'agrandissait.

Quand ma seconde nièce, Victoire, est née, le 17 avril 2004, j'ai éprouvé un réel bonheur à la prendre dans mes bras et à la poser sur mon ventre, comme un pansement réparateur.

Ces petites n'étaient pas mes enfants, et pourtant je les aimais si fort, j'étais si bien avec elles, nous avons tissé si vite un lien particulier, que la perspective de l'adoption a pris une autre dimension. Certaines barrières étaient tombées : je sentais que je pourrais aimer un bébé issu d'un autre ventre que le mien. Mais d'autres résistaient : je n'adopterais qu'un nouveau-né, inutile de me parler d'un enfant plus grand. Là encore, j'étais catégorique…

– 3 –

LE DÉBUT DE L'ATTENTE

Renaud et moi nous sommes mariés civilement en avril 2005. Cinq ans avaient passé depuis l'annonce de la stérilité, et ma « deuxième vie » avait été extrêmement riche. Je venais d'écrire un livre sur le cancer du sang et j'avais mené campagne pour que chacun se sente concerné et n'hésite pas à faire don de sa moelle osseuse ou de ses plaquettes. J'avais rencontré énormément de gens passionnants, pas mal voyagé... Certes, mes projets d'adolescente avaient fait long feu, car j'avais bien repris des études, mais beaucoup plus courtes que prévu, et j'avais rapidement commencé à travailler dans l'agence d'assurances de mon père. De mes rêves d'hier il ne restait que le mari – et, ma foi, c'était le principal ! –, mais d'autres projets avaient vu le jour.

Nous étions maintenant en âge de fonder une famille et parfaitement conscients que, si adoption il y avait, l'enfant n'était pas près d'arriver. Nous avons entrepris les démarches en janvier 2006. Malgré mes réticences, mes questions sans réponses, ma peur de ne pas y arriver…

Nous savions en effet qu'il fallait être mariés depuis deux ans pour adopter. Plus précisément, il fallait deux ans de mariage le jour où l'enfant arriverait en France. Nous pouvions donc commencer nos recherches. À ce moment précis, nous ne connaissions que très peu l'univers de l'adoption, et absolument rien des démarches administratives à effectuer. Nous étions très très loin de nous imaginer le chemin de croix que nous allions devoir parcourir avant de réussir à devenir parents. Un véritable enfer pour les nerfs !

Après quelques recherches sur Internet, ce précieux outil indispensable pour s'en sortir, je suis tombée sur un échéancier des étapes à suivre. Premièrement : envoyer une lettre au conseil général de notre département, en l'occurrence, l'Aisne.

J'ai pris ma plus belle plume et du beau papier (mon clavier et mon écran…). J'avais l'impression que j'écrivais au président de la République. Je nous ai présentés, j'ai poliment demandé le dossier à remplir pour les adoptions, j'ai soigneusement daté et signé. Puis je me suis rendue à la poste et j'ai déposé mon trésor dans la boîte. Je n'ai pas pu m'empêcher de vérifier que la lettre était bien tombée au fond, des fois qu'un passant m'ait surveillée pour la voler dès que j'aurais eu le dos tourné !

Et j'ai attendu.

Chaque jour, je guettais l'arrivée du courrier et la réponse du conseil général. Un matin, enfin, le facteur déposa une grande enveloppe blanche portant le cachet du département de l'Aisne. Un moment de pur bonheur ! Je me souviens très bien de la joie qui m'a étreinte alors que j'ouvrais frénétiquement ce courrier. Ce n'était que le dossier à compléter et la liste des pièces à fournir, mais pour moi cela signifiait bien plus : maintenant nous étions sur la ligne de départ, donc il y aurait une ligne d'arrivée. Le processus était enclenché.

*

* *

Je ressentais comme une urgence à constituer le dossier, je voulais qu'il soit entre les mains du conseil général au plus tôt, je désirais que tout aille vite. Naïveté de débutante ! « Vite » était un mot qu'il allait falloir que je raye de mon vocabulaire pour le reste de la procédure.

Les pièces à fournir étaient assez simples : certificats de naissance et de mariage, pièces d'identité… Les documents les plus singuliers étaient le dossier et la lettre de motivation. Dans le dossier, il fallait préciser l'âge désiré de l'enfant, son ethnie, et si l'on acceptait ou non qu'il ait des problèmes de santé. Dans le jargon administratif, on appelle les enfants qui ont des problèmes des SN (pour Special Needs, « besoins spéciaux ») ou des EBS (enfants à besoins spéciaux). Là, il a fallu se poser cinq minutes, quand même ! Qu'est-ce qu'on voulait ? Tout simplement ce que désiraient tous les parents biologiques : un nourrisson en parfaite santé. Pourquoi irait-on demander un enfant déjà grand et au stade terminal d'une maladie ? Quelle question absurde ! Eh bien pas si absurde que ça, finalement, et nous allions vite nous en rendre compte.

Dans la lettre de motivation, nous devions « motiver » notre envie d'avoir un enfant et nos capacités à être parents. J'étais incapable de ne pas penser aux filles de quatorze-quinze ans qui avaient décidé de faire des bébés alors qu'elles n'avaient aucune maturité ni autonomie financière et que l'on rencontrait encore dans la rue avec leur nourrisson à 23 heures, quand celui-ci aurait dû dormir bien au chaud dans son lit… On ne leur demandait pas de lettre de motivation, à elles ! Alors pourquoi est-ce que nous, qui avions tout pour accueillir sereinement un enfant, étions obligés d'expliquer en quoi nous serions de bons parents ? Ça commençait déjà à m'énerver, cette histoire… Mais nous devions en passer par là, cette lettre était indispensable. Alors j'ai ravalé ma colère et obtempéré.

Renaud m'ayant délégué toutes les tâches administratives pour faire office de relecteur, j'ai décidé d'expliquer le truc bateau, que nous avions tant d'amour à donner, etc. Et j'ai écrit les mêmes phrases mielleuses que les autres adoptants. J'avais lu qu'il ne fallait surtout pas écrire que nous voulions sauver la planète et faire preuve de charité chrétienne en accueillant un enfant, que nous étions des gens bien lotis alors que les petits orphelins n'avaient rien, et patati et patata.

De toute façon, il ne me serait pas venu à l'idée de dire que nous étions des gens « bien », au sens de désintéressés, totalement altruistes et désireux de faire œuvre humanitaire en adoptant. Nous voulions juste un enfant. Comme tous les parents, nous éprouvions un égoïste désir de postérité. Si nous avions voulu sauver la planète, nous aurions fait du parrainage d'enfants, envoyé notre argent à des œuvres caritatives locales dans les pays pauvres pour que les enfants puissent continuer à vivre et grandir sereinement là où ils étaient nés… Nous savions bien qu'il y avait plein de choses à faire dans ce domaine. Mais non, ce n'était pas ce qui nous motivait. Bien sûr, je n'ai pas dit tout cela dans ma lettre. Je me suis appliquée à être sincère, mais sans oser m'écarter d'un modèle somme toute très classique.

Tous ces éléments en main, j'ai renvoyé le dossier avec les mêmes précautions que lors de l'expédition du premier courrier au conseil général. Il n'y avait plus qu'à attendre une réponse.

Donc j'ai attendu de nouveau. Sans savoir que ma patience serait mise à l'épreuve de nombreuses fois encore.

Quelques semaines plus tard, nous avons été convoqués à une réunion d'information sur l'adoption au conseil général de l'Aisne. Nous y avons assisté d'autant plus volontiers que pour le moment nous ne savions pas trop où nous allions, tout était encore assez flou et nous paraissait très compliqué. Nous en sommes repartis avec quelques réponses, tout un tas de documents et les noms d'associations locales d'aide aux adoptants... que je n'ai jamais contactées. Aller sur Internet me paraissait le moyen le plus rapide pour obtenir une information, et les forums abordaient tous les problèmes. Ils constituaient pour moi une pièce maîtresse du processus.

Puis nous sommes passés à la deuxième étape : les entretiens avec une assistante sociale. Il y a beaucoup de futurs parents que cela choque. Pas nous. Nous étions plutôt rassurés, au contraire, à l'idée que ce « filtre » puisse éviter que l'on confie des enfants à des fous furieux qui les maltraiteraient ou abuseraient d'eux ! Et puis ces entretiens se sont globalement bien passés. Il s'agissait ni plus ni moins de parler de notre enfance, de notre conception de la vie avec un enfant. D'évoquer tout ce que nous pourrions lui apporter. De parler de nous, de tout. Nous avons eu la chance d'avoir affaire à une assistante sociale très sympathique et qui avait une grande expérience dans son domaine.

Ce n'est malheureusement pas le cas pour tout le monde. Certains couples se retrouvent face à des personnes incompétentes, maladroites ou qui portent des jugements hâtifs. Il suffit de tomber sur quelqu'un qui manque de professionnalisme, se montre partial, ou qui, tout simplement, ne pense pas comme vous pour se retrouver avec une enquête sociale complètement faussée qui vous dessert pour le reste de la procédure.

Après deux entretiens, nous avons reçu un rapport pleinement satisfaisant et qui nous correspondait tout à fait. Nous étions donc un couple de vingt-quatre et vingt-sept ans bien sous tous rapports, concluait l'assistante sociale. Et nous ne demandions qu'à la croire ! Nous avons néanmoins dû compléter l'enquête du conseil général par un entretien avec un pédopsychiatre qui s'est déroulé aussi rapidement que sans encombres. Bien contents d'apprendre que nous n'étions pas des psychopathes qui s'ignoraient !

*

* *

Avant d'entreprendre ces démarches, nous habitions dans un petit appartement avec des escaliers très dangereux pour un petit enfant. Craignant que cela puisse représenter un handicap, et désireux de mettre toutes les chances de notre côté, nous avions jugé bon de déménager pour nous installer dans une maison beaucoup plus grande. Après coup, nous avons réalisé que cette précaution supplémentaire avait probablement été inutile, mais un peu plus de confort et d'espace ne pouvait pas nous faire de mal.

Nous devions maintenant attendre de passer en commission d'agrément.

Le délai annoncé entre le début de la procédure et la délivrance de l'agrément pour adopter est de neuf mois, comme pour nous rappeler la grossesse que nous ne pourrions jamais vivre. L'agrément, c'est le diplôme du bon petit adoptant que le conseil général décerne après concertation avec le conseil de famille du département, les assistantes sociales et quelques autres. C'est un peu comme le baccalauréat : si on ne l'a pas, on ne peut pas accéder aux études supérieures (ou du moins, c'est beaucoup plus difficile). L'agrément, c'est la clé qui ouvre plein de portes. Et pour nous, c'était le Graal.

Alors l'attente fut vraiment très pénible. Tout aussi pénible que celle des résultats du bac d'ailleurs, mais avec un enjeu autrement important.

– 4 –

VERS QUEL PAYS SE DIRIGER ?

Sans l'agrément, rien n'était possible. Nous avions donc quelques mois devant nous avant de pouvoir réellement entrer dans le vif du sujet. Nous avons décidé de mettre ce temps à profit pour prendre tous les renseignements possible sur les démarches à effectuer afin d'adopter à l'étranger. Le conseil général nous avait en effet bien fait comprendre qu'il ne fallait pas attendre grand-chose de la France. Dans notre département, l'Aisne, il y avait à l'époque des centaines d'adoptants pour seulement deux ou trois bébés confiés par leur mère biologique aux services sociaux chargés de leur trouver une famille.

L'Aisne est un département très gourmand en diverses allocations familiales, qui constituent hélas l'une des sources de revenus de trop nombreux foyers. C'est une triste réalité – et un autre débat –, mais cela ne peut que rendre plus difficile encore l'adoption dans le département. J'aimerais savoir si oui ou non les parents qui abandonnent leurs enfants à l'Aide sociale à l'enfance en ne venant jamais les voir touchent encore les allocations. Oui, non, peut-être. J'ai tout entendu à ce sujet, y compris au sein même des services sociaux. Est-ce que faire des enfants et les laisser à la charge de l'État peut être une source de revenus ?

Renaud et moi nous sommes offert une petite séance de brainstorming pour définir la direction à prendre. Le trou noir d'ignorance s'élargissait encore ! Vers quel point cardinal allions-nous nous tourner ? Quel continent ? Les pays de l'Est, l'Amérique du Sud, l'Afrique, l'Asie ?

Peut-être que si notre enfant était blanc nous nous sentirions plus proches de lui physiquement. Comment savoir ? Nous étions face à l'inconnu, et personne ne pouvait trancher à notre place.

Nous avons commencé par nous renseigner sur les pays de l'Est. Je me suis précipitée sur les sites d'informations gouvernementaux, les sites associatifs, les forums de discussion, où figuraient les exigences des pays d'origine des enfants. Et très vite je me suis rendu compte qu'on n'irait pas là-bas : la plupart des enfants étaient en mauvaise santé, et ceux qui étaient adoptables n'étaient plus des bébés. C'est du moins ce que reflétaient à mon sens certains sites ou forums… Or, pour moi, il n'était toujours pas question de renoncer à avoir un nourrisson. Sur ce sujet, je me montrais beaucoup plus intransigeante que Renaud.

Je n'étais encore que souffrance et je ne supportais pas mon infertilité. J'avais soif de maternité et rien ne m'abreuvait. J'étais une terre aride et craquelée sur laquelle rien ne pourrait pousser, jamais. Alors je voulais au moins avoir la possibilité de pouponner. La stérilité n'allait pas, en plus, me priver de tout ce qu'englobait le mot « bébé ».

Exit donc les pays de l'Est. Exit aussi l'Afrique. J'avais trop peur de l'avenir de notre enfant en France. Nous ne nous sentions pas capables d'y faire face. C'était peut-être un signe de faiblesse de notre part, mais devoir réconforter notre enfant en larmes parce qu'il aurait été blessé par une remarque agressive sur la couleur de sa peau ou son pays d'origine, puis, plus tard, parce qu'il n'aurait pas décroché le boulot qu'il souhaitait alors qu'il était plus compétent que le blanc-bec qui avait été retenu… Non, vraiment, nous n'étions pas assez armés. Nous étions encore très jeunes. Je n'avais que vingt-quatre ans, et prendre ce genre de décision demandait beaucoup de recul.

Restaient les pays d'Amérique latine et l'Asie. Mais l'Asie, pour moi, c'était à ce moment-là carrément exclu. J'avais vécu une mauvaise expérience lors d'un séjour linguistique de trois semaines à New York où l'on m'avait placée dans une famille coréenne qui avait une adolescente de mon âge. Tout le monde me prenait pour la bonne dans cette maison, et la fille était vraiment bizarre. Du coup, du jour au lendemain, j'avais mis tous les Asiatiques dans le même panier : je ne voulais plus en entendre parler !

Durant toute ma prime enfance j'avais pourtant dit à mes parents que je me marierais avec un Japonais, et j'étais complètement amoureuse d'Olive dans la série de dessins animés japonaise « Olive et Tom » – j'embrassais même ma télévision quand il apparaissait ! J'étais aussi sortie avec un Vietnamien un été. J'avais vraiment tout pour vouloir adopter un petit Asiatique mais, à cause de cette expérience malheureuse, au moment où nous en avons discuté, Renaud et moi, cela me semblait hors de question. Finalement, tout cela posé sur la table, il ne restait plus que l'Amérique du Sud.

Alors en route pour l'Amérique du Sud ! Et c'était reparti, j'ai parcouru tous les sites gouvernementaux pour voir quels pays étaient ouverts à l'adoption pour les étrangers, quels enfants étaient proposés, quelles étaient les exigences envers les couples adoptants.

Après avoir éliminé tous les pays dont les procédures duraient de si nombreuses années que nous aurions eu l'âge de la retraite quand un bébé nous aurait été confié, ceux qui ne proposaient que des enfants de plus de cinq, voire sept ans, ou que des enfants en mauvaise santé, et ceux qui ne cherchaient pas de parents correspondant à notre profil, un seul pays nous parut être une voie royale : la Colombie.

Hop, direction les forums d'adoptants en Colombie !

Si l'on veut adopter, je l'ai déjà dit, les forums constituent une aide incontournable. C'est là que tout se passe. Mais il faut quand même faire très attention, car si on y trouve tout, on y voit aussi n'importe quoi ! C'est-à-dire que l'on y rencontre beaucoup de gens qui ont le cœur sur la main et qui ne comptent pas leur temps pour vous aider, mais aussi ceux qui ne seront jamais d'accord avec les autres par principe, ceux qui vous jugent sévèrement à la moindre occasion, ou encore ceux qui ne réfléchissent pas avant d'insulter copieusement leur prochain pour un simple quiproquo, et entraînent un paquet d'internautes dans un (faux) débat, donnant lieu à des dizaines de mails enflammés jusqu'à ce que (enfin !) un modérateur mette un terme au conflit. Il faut voir comme ça peut s'énerver ! Et j'ai eu moi-même ma part d'exaspérations, de gaffes, d'affrontements…

Au final, pourtant, il circule autant de joie que de colère sur ces forums. Nous sommes entre personnes qui souffrent, les émotions sont exacerbées, et parfois un coup de mots est plus assassin qu'un coup de fusil. Mais heureusement, il y aussi beaucoup de fraternité. Les forums sont un concentré de tout cela, et ils demeurent très précieux. D'autant que les modérateurs sont en général vraiment compétents. Les forums sont des endroits où l'on peut s'exprimer librement entre personnes qui rament dans la même galère, alors qu'il est très difficile, sinon impossible, de parler de nos problèmes « techniques » à notre entourage. Les procédures sont trop compliquées à expliquer. Enfin, et ce n'est pas le moindre de leurs atouts, les forums sont des endroits où l'on fait de belles rencontres, avec des personnes que l'on finit par voir « en vrai ». Certains forums sont créés par des associations d'adoptants, d'autres par des particuliers.

*
* *

Le forum d'adoptants en Colombie était le plus grand tous pays confondus, et le plus pro. Un gros coup de chance. C'était l'avatar sur le Net d'une très importante association d'adoptants qui en contrôlait le contenu en backoffice. Un gage de sérieux, donc.

J'ai lancé un premier message de présentation, puis j'ai demandé les délais d'attente, et enfin j'ai insisté sur des détails qui ont leur importance pour en savoir un maximum. À chaque nouvelle récolte, je faisais un compte rendu à Renaud.

Le délai d'attente annoncé était de dix-huit mois pour un bébé de moins de un an. Comme nous avions tous les deux moins de trente-huit ans, nous entrions automatiquement dans la case des attributions de bébés de zéro à un an pour les Colombiens. Le rêve ! Mais dix-huit mois, c'était quand même super long pour une grossesse, nous n'étions pas des éléphants. Et puis le temps de préparer le dossier et d'obtenir l'agrément, nous pouvions ajouter douze mois de plus. Mais, encore une fois, c'était ainsi. Il fallait l'accepter ou renoncer. La seule certitude, selon le forum, c'était que la Colombie tenait toujours ses promesses et qu'une fois notre candidature acceptée nous serions sûrs d'être parents. Nous avons aussi appris que la procédure d'adoption dans ce pays était la plus « clean » du monde, aussi paradoxal que cela puisse paraître quand on connaît sa réputation sulfureuse… Ainsi, la moindre fleur offerte à l'Administration colombienne en remerciement de son acceptation pouvait nous envoyer en prison pour corruption !

Mais nous n'en étions pas encore là. À l'issue de nos recherches, nous étions fin prêts à mettre les bouchées doubles pour être acceptés par les Colombiens dès que nous aurions le précieux agrément du conseil général.

– 5 –

UNE PROFONDE SOLITUDE

Les recherches et les démarches avançaient, c'est vrai. J'y consacrais énormément de temps et d'énergie. Mais au fond de moi, j'étais aigrie, rongée par la frustration. Plus nous franchissions d'étapes vers l'adoption, plus je réalisais ma stérilité, et plus j'étais face au mur. Je ne supportais ni ma situation ni son irréversibilité.

Progressivement, le cancer de l'âme qu'est la rancœur se développait de manière insidieuse. J'aurais voulu faire disparaître mon ventre, que j'empoignais et serrais très fort, comme pour l'arracher. Il était devenu inutile. Mon sexe était inutile. Je considérais la cicatrice que formait mon nombril, ce vestige de cordon ombilical, comme une insulte. Ce fut progressif, mais une haine tenace prit ses quartiers quelque part entre mon nombril et ma tête. Je ne supportais plus de voir mon ventre ne pas s'arrondir.

La violence de mes sentiments atteignait son paroxysme au contact des femmes enceintes. J'étais très injustement sans pitié. Elles étaient là, si fières d'arborer leurs rondeurs et, pour certaines, de parler de leur grossesse comme d'une maladie. Et moi je demeurais coite avec ma fureur intérieure. Elles avaient le droit de se plaindre de leur état, elles, et ne s'en privaient pas. Tout le monde était à l'écoute, aux petits soins. Je leur en voulais même d'avoir le droit de passer devant moi aux caisses des supermarchés ! Je ne supportais pas non plus ces hommes au regard béat, dégoulinant d'amour parce que leur femme allait donner la vie. Je savais que je ne vivrais jamais cela, que mon mari, ébahi, ne palperait jamais ma peau pour sentir les mouvements de bébé. C'était injuste. Je devenais la Maléfique de Disney, transformée, possédée par la jalousie. J'allais très mal.

Les héros apaisent leur souffrance en combattant leurs ennemis, mais comment faire quand son unique adversaire est en soi ?

Mon état devenant insupportable, je suis quand même allée voir un psy, cet exorciste des temps modernes. La consultation n'a pas duré très longtemps, car il devint vite évident que mon problème persisterait tant que je n'aurais pas accueilli notre enfant. Mais j'avais du mal à accepter qu'il n'existait pas d'autre solution pour soulager mon mal-être. J'ai quitté le cabinet avec ma solitude et ma hargne sous le bras.

Renaud et moi étions des invalides de la reproduction du moi biologique, il allait bien falloir faire avec. Mais comment ? Et quand ? Personne ne pouvait m'aider. Je me sentais si seule.

*
* *

Solitude, un mot qui résume bien ce que ressentent beaucoup de couples stériles. La solitude face à leur douleur. Aucun traitement, aucun mot ne peut nous réconforter. Les mots peuvent même tout au contraire se faire assassins et les hôpitaux être des lieux de torture morale.

J'en parle en connaissance de cause. Étant donné mon passé médical, je suis suivie, et les échographies font partie du lot d'examens que je subis régulièrement. C'est un examen qui a ceci de particulier qu'on ne l'associe pas en premier lieu à la maladie. Quand j'étais ado et que je me rendais chez la gynécologue pour des contrôles de routine, j'imaginais qu'un jour, lors d'une échographie, j'entendrais un petit cœur battre. Une dizaine d'années plus tard, jamais mon ventre ne m'a paru aussi désespérément vide. Pourtant, cela n'a pas empêché un petit plaisantin d'interne de me lancer au cours de l'examen : « Madame, vous êtes enceinte de trois mois. » Quel humour ! Il allait falloir qu'il apprenne à se taire, celui-là, qu'il réalise que toutes les terres ne sont pas fertiles en ce bas monde et que mieux vaut éviter tout commentaire tant que l'on n'a pas lu le dossier médical de la patiente.

Mais le mal était fait. Et je hais le mot fertile. La terre est fertile. Tous les animaux et les plantes se reproduisent. Le monde entier est fertile. Mais chez moi, la seule chose qui poussait, c'était la colère intérieure.

Intérieure, car bien entendu très peu de personnes ont su à quel point mon désespoir était profond. Seule ma famille était au courant, et encore, à différents degrés. En public, je demeurais « Celle qui a toujours le sourire ». Celle qui a survécu au cancer et ne peut donc que célébrer encore et encore le fait d'être en vie. Celle qui ne peut que rayonner de bonheur puisqu'elle a échappé au pire. Je n'avais pas le droit de me plaindre, c'eût été indécent.

D'ailleurs, comment faire comprendre aux jeunes de mon âge que je subissais les effets de la ménopause ? Comment leur parler des bouffées de chaleur qui me submergeaient par vagues et m'empêchaient de me concentrer sur leurs propos ? Que répondre quand on me parlait de la sécheresse de ma peau qui n'était pas très « sexy » ? Comment raconter l'irritabilité, la fatigue insondable, les troubles sexuels, toutes ces séquelles de la maladie qui m'empoisonnaient toujours la vie ?

Un soir où un couple me félicitait justement d'avoir toujours « la banane et la pêche », j'ai eu une indigestion, le sentiment que c'était la remarque de trop. Comment pouvaient-ils à ce point ne pas remarquer la violence qui m'habitait ? Alors, cette fois, je ne me suis pas tue. Je leur ai raconté l'enfer que je vivais.

Je n'en pouvais plus d'entendre que le principal, c'était ma guérison, que je pourrais adopter afin de pallier cette stérilité, comme si c'était aussi facile que de réparer un problème mécanique sur une voiture !

Il m'est aussi arrivé de quitter la table lors d'un déjeuner parce qu'une copine, célibataire de moins de trente ans, m'affirmait que sa situation, le célibat, était bien pire que la mienne. J'avais beau dire que le célibat, contrairement à la stérilité, n'avait rien d'irrémédiable, elle demeurait persuadée que je ne pouvais pas souffrir autant qu'elle ! Je ne cherchais pourtant pas à hiérarchiser la douleur, juste à lui faire prendre conscience que nous étions face au mur. Elle est mariée aujourd'hui. Je suis toujours stérile.

Cela dit, s'il y a bien un truc que j'ai appris de la maladie, c'est que la tristesse fait généralement fuir, même les très bons amis. Les gens ne savent pas comment réagir, ils sont mal à l'aise devant votre détresse, pensent peut-être que l'on attend d'eux qu'ils parviennent à y mettre fin, et ils préfèrent tourner les talons plutôt qu'affronter cette tristesse trop longtemps. Je sais que c'est humain, mais c'est tellement dur à vivre !

Alors je me suis bien gardée de multiplier ces « moments de vérité ». Ce fut juste comme écoper quelques verres de l'eau qui avait envahi mon bateau. Pour ne pas couler.

Lors d'une journée difficile, épuisée, j'avais confié à Renaud que je me sentais très seule avec ma souffrance. Il m'avait dit : « Alors dis-le aux gens si cela te peine. » J'aurais vraiment voulu suivre son conseil et parvenir à parler plus souvent autour de moi, à d'autres personnes que ma famille très proche, de toute cette noirceur et cette affliction, mais je n'y suis parvenue que rarement. Et cela ne m'a pas soulagée, car l'impression, et même la certitude d'embêter les gens persistait, et cela quelle que soit leur véritable réaction.

La solitude que nous éprouvions, Renaud et moi, n'était pas quelque chose que nous pouvions partager. Chacun de nous vivait la sienne différemment. Nous étions l'un à côté de l'autre, main dans la main, embarqués sur le même bateau, secoués par les mêmes tempêtes, mais nous vivions la traversée tout à fait différemment. Aussi vrai que les hommes viennent de Mars et les femmes de Vénus, paraît-il.

Je ne saurais expliquer exactement comment Renaud ressentait les choses, il est le seul à posséder les clés de son château fort. Ultra fort. Ce que je peux dire, c'est que lui se murait dans le silence et souhaitait en parler un minimum, même entre nous. Alors que moi, l'extravertie de service, j'avais un besoin viscéral de m'épancher et d'évacuer. Mes confesseurs étaient donc, tout naturellement, mes parents et mes deux sœurs. Sans oublier qu'avec mes sœurs il fallait quand même que je pèse mes mots. En couple depuis longtemps, elles souhaitaient aussi attendre des enfants un jour, et je ne devais pas les traumatiser, je devais éviter à tout prix qu'elles n'osent pas franchir le cap à cause de moi. Mais au fond je prenais sur moi, j'espérais qu'elles ne tombent pas enceintes avant que je sois maman, cela aurait été tellement terrible à vivre.

Ainsi, Renaud et moi n'étions pas les seuls à souffrir, dans notre tourment nous entraînions toute notre famille. Nos parents se faisaient un sang d'encre à notre sujet. Notre malheur était le leur. Papa et maman étaient dévastés de me voir constamment « douloureuse ». Renaud, lui, ne se confiait pas trop aux siens, c'était plutôt moi qui relayais les informations. En plus, j'étais l'aînée, et ce premier enfant pour nous serait aussi le premier petit-enfant de mes parents. Ils l'attendaient avec la même impatience.

– 6 –

TROUVER L'ARGENT ET TROMPER L'ATTENTE

La liste des pièces à fournir pour constituer le dossier demandé par la Colombie était impressionnante, voire décourageante et même incompréhensible pour des néophytes comme nous. Au fil de mes recherches sur le Net, je découvris aussi le coût global d'une adoption, quel que soit le pays : entre 10 000 et 20 000 euros, et parfois beaucoup, beaucoup plus. Voici l'estimation pour la Colombie que j'ai trouvée sur le site de l'association Cœur Adoption.

Détail du coût de la procédure

- *Constitution du dossier (timbres, photocopies, photos, déplacements) : 100 €*
- *Traduction du dossier : 300 à 500 €*
- *Complément d'enquête : 135 €*
- *Actualisation du dossier : 48 €*
- *Traduction du complément d'enquête : 36 €*
- *Chronopost : 110 €, ou AFA par la valise diplomatique : 45 €*

- *Envoi d'un colis de 1 kg par la Poste : 36 €*
- *Visa adoptant : 148,75 € par personne*
- *Visa de l'adopté : 15 €*
- *Passeport de l'adopté : 30 €*
- *Vol aller-retour (billet adoptant) : 1 200 € par personne*
- *Vol adopté (billet adoptant) : 1 000 €*
- *Avocat : 1 200 à 1 500 €*
- *Interprète : 500 €*
- *Légalisation de document : 200 €*
- *Traduction des documents colombiens en français : 250 €*
- *Frais médicaux, examens de l'enfant : 100 €*
- *Passeport et visa long séjour adoption : 40 €*
- *Hôtel en pension complète sur place : 450 € par semaine*
- *Chambre pour deux personnes : 15 à 50 € par nuit*
- *Location d'un appartement à Bogota : 50 € par jour*
- *Repas : 10 € par jour et par personne*
- *Vaccins et antipaludéens : 206 €*

Différents sites ou forums disaient qu'il fallait compter entre 12 000 et 18 000 euros en tout, selon le nombre de semaines sur place (parfois plus d'un mois), le type d'hébergement, la région où se trouvait l'orphelinat, etc.

Quand on dit qu'adopter un enfant coûte cher, ce n'est évidemment pas que l'on « achète un bébé », il s'agit essentiellement de tous les frais annexes à cette adoption, qui sont onéreux. Et au cours de cette aventure, nous avons appris qu'il n'y avait pas que cela à ajouter au compteur dans certains autres pays…

Comment trouver tout cet argent ? Nous étions jeunes et nous n'avions pas encore eu le temps de nous constituer un bas de laine ! Par bonheur, le livre que j'ai écrit en 2005 sur la leucémie dont j'ai souffert nous avait rapporté juste assez pour payer les frais de cette première procédure. Finalement, la maladie m'a rendu matériellement de quoi réparer ses dégâts… Et puis nos parents nous ont également gentiment proposé de nous aider sur le plan financier. Et leur aide nous fut plus que précieuse durant tout ce parcours.

En regardant de plus près la liste des pièces à fournir, je m'interrogeais. On nous demandait que la majorité des pièces soient « apostillées ». Ce mot étrange et cocasse, je le rencontrais partout sur les forums et sur les sites d'informations. Apostille par-ci, apostille par-là… Mais je ne n'ai pas cherché tout de suite à en connaître le sens. Comme nous n'en étions pas à la constitution du dossier mais juste à l'attente de l'agrément, je me disais que je « creuserais » plus tard.

*

* *

Renaud avait repris une agence d'assurances en janvier 2006, et moi, je l'ai dit, j'avais intégré celle de mon père depuis 2003. J'étais toujours fragile, mais je désirais travailler, c'est pourquoi j'ai accepté tout de suite quand mon père m'a proposé de rejoindre ses collaborateurs. Je suivais une formation commerciale en alternance. Après une si longue interruption de mes études, je n'arrivais plus à me concentrer ; j'avais si peu sollicité ma mémoire pendant les traitements... Mais, surtout, je traînais mon passé comme un boulet. J'étais trop bousillée pour pouvoir reprendre les choses là où la maladie les avait interrompues. Cette formation était donc plus soft pour moi que les études de droit que j'avais vainement tenté de recommencer.

Grâce à mon père, j'avais un emploi qui me permettait, immense privilège, de m'absenter quand la fatigue nerveuse ou physique se faisait trop intense. Car je n'étais plus la fille respirant la joie de vivre des premières années de convalescence. La fille capable d'écrire un livre sur son combat contre la leucémie, qui multipliait les interventions dans les médias et luttait aux côtés des associations pour sensibiliser les gens au don de produits sanguins. La fille qui témoignait dans les amphis, qui soutenait les malades et leur famille... Celle qui croquait la vie et se marrait tout le temps. J'étais devenue l'ombre de moi-même.

Combien de fois me suis-je retrouvée dans le bureau de mon père en larmes au milieu de la journée parce que je ne supportais pas l'après-cancer ? Parce que j'avais l'impression que j'étais nulle, que je ne faisais pas ce qui me plaisait vraiment alors que les études supérieures auxquelles je me destinais « avant » m'auraient forcément menée à une carrière professionnelle épanouissante. Parce que j'étais tout le temps fatiguée ou malade, que je n'étais pas fière de moi, que je n'avais pas d'enfants. Parce que ceci, parce que cela... Combien de fois mon père a-t-il tenté de me réconforter, de chasser mon mal-être ? J'incarnais le parfait Calimero de service, c'était vraiment trop injuste. Et puis, quand ce n'était pas mon père, c'était ma mère qui recueillait mes doléances. Les pauvres. Ils avaient déjà tant souffert durant l'épreuve de la leucémie, voilà qu'ils devaient maintenant faire face à ma déprime !

Pour m'occuper l'esprit et en chasser les démons, je me suis mise au golf. J'ai tout de suite accroché, et très rapidement j'ai commencé les compétitions. Tous les soirs, je foulais les fairways et les greens jusqu'au coucher du soleil. Je drivais, je puttais, je me sortais d'un bunker ou d'un rough avec un amusement sans pareil.

Ce sport a ceci de particulier que l'on se bat contre soi-même. Les secrets de la réussite au golf sont la concentration et la persévérance. Un mauvais coup ne doit surtout pas démoraliser, sous peine de faire une socket – une balle qui part à l'opposé du but visé – juste après. Le golf, c'est finalement un vrai travail sur soi-même.

Et ce loisir m'apaisait. Quand je jouais, je ne pensais à rien d'autre que mettre ma petite balle blanche dans un trou. C'est assez bête, finalement ! Mais pas plus que de vouloir envoyer un ballon dans une cage ou faire passer une balle au-dessus d'un filet. Et puis, un parcours de golf, c'est une balade dans la nature. Je faisais à chaque fois le plein de cet oxygène dont j'avais le sentiment de manquer au quotidien. Tout ce temps que je passais au golf, je ne le passais pas à ruminer de noires pensées. C'était mieux que n'importe quelle psychothérapie. Chaque parcours de dix-huit trous m'offrait environ quatre heures et demie de répit absolu.

*
*   *

Nous sommes passés en commission en octobre 2006, soit neuf mois exactement après le premier échange de courriers. Il nous fallut alors attendre la réponse du conseil général. Même si nous nous doutions que notre candidature serait acceptée, nous avions quand même peur d'un refus. On ne sait jamais…

La nouvelle est tombée quelques jours seulement après la date du passage en commission : nous étions officiellement candidats à l'adoption d'un enfant de moins de trois ans sans problème de santé. Nous avions obtenu ce précieux sésame, nous avions franchi la première étape. C'était merveilleux ! Mais nous ne savions pas à ce moment-là que ce petit mont que nous avions gravi avec succès pour parvenir à l'agrément n'était rien, comparé à la montagne que nous allions devoir escalader pour être parents.

– 7 –

L'ESCALADE DU DOSSIER COLOMBIEN

Nous sommes convenus avec Renaud que c'était moi qui m'occuperais de monter le dossier pour la Colombie, comme je m'étais chargée des autres démarches jusque-là. Renaud me faisait entièrement confiance, et j'avais plus de temps que lui, qui venait juste de reprendre son agence. La première nouvelle étape fut d'envoyer une lettre à l'Agence française de l'Adoption, ou AFA, l'intermédiaire pour toutes les demandes qui ne passent pas par des organismes autorisés pour l'adoption, ou OAA, c'est-à-dire des associations humanitaires telles que Médecins du Monde.

Pour plus de clarté, voici à peu près comment cela se passe quand un couple vient d'obtenir l'agrément du conseil général pour adopter en France ou à l'international.

– S'il veut adopter en France, il est automatiquement inscrit sur la liste d'attente de son département (et pas un autre, sauf s'il en fait la demande, et si c'est le cas, il passera après tous les adoptants de cet autre département). Il n'a qu'une chose à faire, mais elle est d'importance : chaque année, il doit informer le conseil général de sa volonté de rester sur cette liste.

– S'il veut adopter à l'étranger, trois possibilités s'offrent à lui.

1) Entreprendre une démarche dite individuelle. Le couple se débrouille alors seul de A à Z, en dégotant ses propres intermédiaires dans le pays d'origine de l'enfant. Une fois sur place, il ne pourra compter que sur son réseau et sur lui-même. Internet, avec ses précieux forums et sites associatifs est alors plus qu'utile.

2) Passer par l'Agence française de l'Adoption (AFA) comme intermédiaire entre le pays de l'enfant et la France. Et alors tout, absolument tout, que ce soit une communication du pays d'origine pour le couple ou un dossier à envoyer dans ce pays, transitera par cette agence, située à Paris.

3) Choisir un organisme autorisé pour l'adoption (OAA) comme intermédiaire, c'est-à-dire passer par des associations humanitaires agréées.

Si l'on opte pour la troisième solution, il faut envoyer des lettres de motivation aux organismes autorisés pour l'adoption qui travaillent dans les pays qui vous intéressent et qui sélectionnent les couples avec lesquels ils veulent « travailler ». Des adoptants peuvent par exemple postuler dans vingt associations différentes et se faire refuser partout, cela arrive malheureusement régulièrement. Mais une fois qu'il est accepté, le couple est en général sur la voie royale, puisque c'est l'association qui va tout gérer, en France comme dans le pays d'adoption. Néanmoins, les organismes autorisés pour l'adoption, comme l'Agence française de l'Adoption, n'ont aucune obligation de résultat.

On pourrait comparer cela à la préparation d'un voyage : soit on choisit de se débrouiller seul, *Guide du routard* en main et bons plans dénichés sur Internet, c'est l'adoption individuelle ; soit on se rend dans une agence de voyages qui s'occupe de tout, comme l'Agence française de l'Adoption (AFA) ou un organisme autorisé (OAA). L'investissement personnel n'est pas le même. À noter qu'être accepté par un OAA est un vrai confort. Et cela comporte aussi un autre avantage de taille : les organismes autorisés ont, pour certains pays, leurs propres ramifications sur place, et l'attente est souvent moins longue que si l'on passe par l'Agence française de l'Adoption. C'était le cas du Vietnam avant 2010, par exemple. Par l'intermédiaire de l'Agence française de l'Adoption, adopter un enfant au Vietnam représentait des années d'attente, alors qu'avec certaines associations, en quelques mois, les couples pouvaient être « apparentés ».

Dans les faits, le schéma le plus répandu est de commencer par envoyer des lettres de motivation aux organismes autorisés pour l'adoption et, en cas de refus, de choisir entre l'Agence française de l'Adoption et la démarche individuelle.

Pour la Colombie, qu'ils passent par un organisme autorisé ou par l'Agence française de l'Adoption, tous les adoptants se retrouvaient sur la même liste d'attente, sans favoritisme. La différence résidait juste dans le fait que, en passant par un OAA, ils étaient pris en charge également sur place, alors que par l'Agence française de l'Adoption ils devaient se débrouiller seuls dès leur arrivée sur le sol colombien.

Nous avons fini par choisir de passer par l'Agence française de l'Adoption mais d'envoyer quand même une demande à Médecins du Monde – donc un OAA, une association humanitaire – pour la Colombie. L'Agence française nous a répondu en premier et nous a envoyé la liste des pièces à fournir pour constituer le dossier.

Une liste si impressionnante que je ne résiste pas à la tentation de la reproduire ici, et dans son intégralité, évidemment.

Tout d'abord :

– *Copie de l'agrément et la notice jointe pour les agréments délivrés en application du décret n° 98-771 du 1er septembre 1998.*
– *Fiche individuelle d'état civil pour chacun des candidats.*
– *Fiche familiale d'état civil.*

- *Lettre de l'ICBF transmettant le formulaire de « solicitud ».*

Jusqu'ici, tout va bien. C'est après que cela se complique.

Les pièces à transmettre, indiquées ci-dessous, doivent être obligatoirement présentées dans l'ordre indiqué sous pochettes plastifiées vertes à languettes et reliées (les deux premières pochettes doivent être laissées libres pour les documents émanant de la MAI).

Toutes les pièces devront être légalisées par le Bureau des légalisations du ministère des Affaires étrangères puis par les services consulaires de l'ambassade de Colombie en France.

La traduction du dossier sera effectuée par un traducteur assermenté en Colombie conformément à la législation locale. Les copies certifiées conformes sont admises à titre d'originaux.

Certaines pièces, dont la reprographie est interdite, ne peuvent toutefois être produites qu'en original : il s'agit des pièces d'état civil, des extraits de mariage et de casier judiciaire.

- *Lettre désignant le traducteur.*
- *Le formulaire d'adoption (solicitud) dûment rempli en espagnol, soit à la machine à écrire, soit en lettres d'imprimerie. La signature des adoptants doit être légalisée.*
- *Copie intégrale de l'acte de mariage.*
- *Copie intégrale du jugement de divorce, en cas de mariage antérieur.*
- *Copie intégrale de l'acte de naissance de chacun des candidats et des enfants déjà au foyer.*

– *Justificatif de domicile (attestation notariée de propriété ou quittance de loyer) [documents sollicités par la MAI sur le fondement de l'article 15 de la Convention de La Haye du 29 mai 1993].*

Mais aussi :
– *Agrément délivré par le président du conseil général, avec la notice jointe pour les agréments délivrés en application du décret du 1er septembre 1998.*
– *Rapport d'enquête sociale élaboré par l'Aide sociale à l'enfance.*
– *Rapport d'enquête psychologique élaboré par l'Aide sociale à l'enfance.*
– *Extrait de casier judiciaire (bulletin n° 3) de moins de trois mois pour chacun des candidats.*
– *Attestation(s) d'emploi(s) indiquant la date d'entrée en fonction et le montant du salaire en dollars (bulletins de salaire récents) ou avis d'imposition, ou attestation établie par un comptable public si les adoptants exercent une profession libérale.*
– *Trois lettres de recommandation (certifiant l'aptitude à adopter).*

Et enfin :
– *Certificat médical attestant clairement la bonne santé physique des adoptants délivré par un médecin généraliste.*
– *Certificat médical attestant clairement la bonne santé mentale des adoptants et leur aptitude à adopter délivré par un psychiatre.*

- *Certificat de nationalité délivré par le tribunal d'instance prouvant que les enfants mineurs adoptés précédemment ont obtenu la nationalité française (photocopie simple).*
- *Attestation de suivi de l'enfant (soit attestation de l'Aide sociale à l'enfance pour les adoptants déposant leur dossier à la MAI, soit engagement de l'organisme français autorisé et habilité pour l'adoption en Colombie de procéder au suivi de l'enfant et à fournir des rapports périodiques sur l'adaptation de l'enfant à son milieu familial jusqu'à l'obtention de la nationalité française).*
- *Lettre d'engagement des adoptants à transmettre à l'institution colombienne en charge de leur dossier les rapports de suivi de l'enfant, l'acte de naissance français ainsi que le certificat de nationalité française.*
- *Photographies récentes des adoptants et de leur foyer.*

Inutile de dire qu'à la fin de la lecture de cette liste, j'avais la tête à l'envers ! Quid de l'ICBF ? De la MAI ? De la *solicitud* ? Comment se passait une légalisation ? Et comment les lettres de recommandation devaient-elles être rédigées ? Et ces pochettes, à quoi ressemblaient-elles ? Comment remplir un formulaire en espagnol quand on ne maîtrisait pas l'espagnol « administratif » ? Une plongée dans l'inconnu.

Alors j'ai inondé le forum de questions et, petit à petit, j'ai assimilé la langue du pays des adoptants.

J'ai ainsi appris que l'ICBF, c'était simplement l'équivalent colombien de l'Aide sociale à l'enfance (ex-DDASS) en France. Nous devions envoyer le dossier à cette institution, qui déciderait ou non de nous mettre sur liste d'attente. Les adoptants m'ont prévenue qu'ils étaient très tatillons, notamment sur les enquêtes sociale et psychologique. Il était très fréquent qu'un complément d'enquête soit demandé et qu'une candidature prenne des mois de retard à cause de cela. Nous possédions une enquête sociale, mais notre département ne faisait pas d'enquête psychologique, alors nous allions devoir nous en charger pour parer à un éventuel refus de l'ICBF.

Pour obtenir une légalisation, il suffisait, me dit-on, de signer un papier devant un officier d'état civil à la mairie. Ni plus ni moins qu'un tampon sur une feuille... Pourtant, même ça, c'était compliqué à obtenir quand on tombait sur quelqu'un qui n'était pas très compréhensif, comme j'allais m'en rendre compte assez vite.

Et l'apostille, à propos de laquelle je m'étais promis de « creuser » la première fois que j'avais vu une liste des pièces à fournir ? Eh bien, j'appris que, lorsque l'officier d'état civil avait légalisé votre signature sur un document, ou l'avait certifiée conforme en mairie, il fallait envoyer le tout à la cour d'appel de la région pour qu'un grand chef légalise la signature de celui qui avait légalisé ledit document en mairie. Une surlégalisation, en somme.

Avec ça, on ne pouvait pas gruger qui que ce soit, et visiblement les Colombiens le savaient.

Quant aux lettres de recommandation, il allait falloir que l'on demande à des amis d'écrire à quel point nous étions des gens bien sous tous rapports et combien nos enfants seraient heureux avec nous. Je trouvais cela étrange, car nos amis avaient tout le loisir d'écrire sous notre dictée. En plus, ils devaient eux aussi aller faire légaliser leur signature en mairie, et leur lettre devait être apostillée par la cour d'appel.

Ah, et puis j'allais oublier : tout le dossier devait tenir dans une pochette verte à languettes absolument introuvable. Et pas question de prendre une autre couleur sans languettes, sinon ce serait le renvoi du dossier illico.

J'étais effondrée. La tâche me semblait insurmontable. Abandonner ? Bien sur que non ! Puisque tous les adoptants rencontrés sur le site y arrivaient, j'allais moi aussi relever le défi. Alors je me suis retroussé les manches, et j'ai commencé par les documents les plus faciles à obtenir, comme les actes de naissance et de mariage, les extraits de casier judiciaire… Je me suis jetée dans le petit bain avant de faire un plongeon dans le grand bassin.

*
* *

Pendant un mois j'ai couru toutes les administrations pour obtenir un tampon d'un côté, un certificat de l'autre. Trois copains nous ont écrit de sincères et touchantes lettres de recommandation, et je tiens à remercier Perrine, Delphine et François une nouvelle fois par ces lignes. J'étais extrêmement tendue, car je me disais que chaque jour qui passait était un jour en moins avec notre enfant que je commençais déjà à imaginer. J'ai terminé le dossier au bord de la crise de nerfs. Mais il me restait à mettre la main sur cette fameuse pochette verte à languettes, que j'avais cherchée en vain… Par miracle, je suis entrée en contact avec une adoptante du forum habitant près d'une boutique qui en vendait. Elle m'en a fait parvenir une par la poste. Ma sauveuse. Merci les « forumeurs ».

J'ai fait une page d'avant-garde chiadée – le graphisme, c'est mon dada – avec un montage très pro, et je l'ai imprimée sur du papier photo.

J'étais plutôt fière de moi, mais j'étais surtout épuisée. Apprendre tout cela en si peu de temps, comprendre les procédures, passer ma vie sur Internet à chercher des solutions, des informations, voyager de ville en ville pour obtenir le bon tampon, la bonne apostille, se heurter à certains fonctionnaires pas très enclins à bien fonctionner, avoir toujours peur de perdre une feuille de ce précieux dossier en sachant qu'en faire à nouveau la demande représenterait des jours entiers de travail… Je n'en pouvais plus.

J'ai donné un dernier coup de cravache pour envoyer le dossier en Chronopost à l'Agence française de l'Adoption, puisque c'était notre intermédiaire avec l'ICBF colombien. C'était elle qui saurait en premier si notre dossier était accepté et si nous étions mis sur liste d'attente. Avec l'enquête psychologique que nous avions fait réaliser à nos frais (pour la modique somme de cent cinquante euros) et toutes les autres dépenses engagées pour constituer ce dossier, avec toute l'énergie que j'avais déployée et tout le stress que cela nous a valu, ils n'avaient pas le droit de nous dire non. Et moi, je ne devais pas me laisser envahir par le doute.

L'attente allait de nouveau être longue, nous le savions, ils mettraient au moins deux mois à répondre. L'ICBF croulait sous les demandes d'adoption du monde entier, et l'on nous avait informés que l'équipe qui traitait ces demandes était en effectif plus que réduit.

*

* *

Je me suis mise alors à regarder sur Youtube des vidéos sur les petits Colombiens. Et je pensais à notre enfant. D'aucuns s'inventent un ami imaginaire qui vient combler leur solitude, eh bien, moi, j'avais un enfant imaginaire. En voiture, je le rêvais même sur la banquette arrière, sanglé dans un siège auto. Et je réalisais par là même que ma frilosité vis-à-vis de l'adoption s'effaçait doucement, pour céder la place à l'acceptation…

J'ai alors décidé de créer un blog qui rassemblait ce que j'aurais aimé trouver au départ : plein de photos et de vidéos sur la Colombie et sur les enfants colombiens. Je les trouvais tous beaux. Ils sont le reflet d'un métissage très réussi de toutes les ethnies du monde. Et que dire de leur magnifique pays ? La mer, le fleuve Amazone, les Andes, les forêts tropicales, toutes les merveilles de la nature y étaient réunies. Évidemment, on ne pouvait ignorer la Colombie de Pablo Escobar et des cartels de Medellin. Évidemment, à cette époque, Ingrid Betancourt était maintenue en otage dans la jungle amazonienne avec des centaines d'autres personnes. Évidemment, je n'étais pas totalement rassurée à l'idée de partir là-bas. Mais les adoptants n'avaient jamais eu de problèmes, il suffisait de respecter les mesures de sécurité.

Je suis tombée amoureuse de ce pays par la procuration d'Internet. Je visionnais tous les reportages qui passaient à la télévision, j'ai même repris des cours d'espagnol pour ne pas perdre mes acquis. Je le parlais encore assez bien, puisque j'avais habité six mois à Séville en 2002 – c'est même là-bas que Renaud m'avait demandée en mariage –, mais j'avais bien conscience que, faute de pratique, mon espagnol allait s'évaporer au fil du temps. J'étais excessivement motivée, et regonflée à bloc !

*
* *

Notre dossier via l'Agence française de l'Adoption s'était envolé pour la Colombie depuis quelque temps déjà quand nous avons reçu un appel de Médecins du Monde nous proposant de « travailler » avec eux. C'était un peu tard. Exit Médecins du Monde. Du moins, je le pensais…

Deux mois après notre envoi, madame la Boîte aux lettres nous a délivré une lettre de l'Agence française de l'Adoption. Le cœur battant, je déchirai l'enveloppe : l'ICBF estimait que nos enquêtes sociale et psychologique n'étaient pas assez complètes, il restait certains points à clarifier. On nous faisait le coup du complément d'enquête !

Tout s'écroula autour de moi. J'étais folle de rage et envahie par le même désarroi que lorsque je luttais contre la leucémie et que mes résultats sanguins étaient mauvais. L'impression d'avoir tout donné pour rien. J'en tremblais et j'en pleurais. Mais j'ai juré que je ne romprais pas. Tout en pestant car nous allions encore perdre au moins trois mois, mais bien décidée à ne pas ajouter un jour de plus à ce délai, je suis très vite repartie dans les papiers.

Là, j'ai contacté pour la première fois une association d'aide aux parents adoptant en Colombie.

Je lui ai parlé de ce complément d'enquête et lui ai demandé de me recommander un psy pour le rapport, car notre département était incapable de nous répondre. Le conseil général voulait bien signer n'importe quelle enquête psychologique, mais il n'avait pas d'adresse à nous communiquer, et ce serait à nos frais, bien évidemment. La correspondante de l'association m'a donné le nom d'une psychologue de Lille qui avait l'habitude de ce que voulait la Colombie.

Ni une ni deux, j'ai pris rendez-vous. La psy nous a reçus, nous a montré des taches noires et des dessins abstraits, et nous a demandé ce qu'on y voyait – comme à des tueurs en série ! –, puis elle nous a posé quelques questions. Un peu naïve, et ne croyant pas trop que ce genre de technique aidait vraiment les psys à cerner une personnalité, j'ai pensé orienter l'interprétation en répondant que je voyais une petite maison avec une famille dedans quand elle m'a présenté une fiche avec plein de noir et de rouge qui m'évoquait plutôt une scène de crime bien ensanglantée !

Enfin, ce qui compte, c'est que cette psychologue a été très efficace, car elle nous a rendu le rapport très vite – en nous prenant trois cents euros au passage. Ainsi nous avons pu envoyer le complément d'enquête rapidement.

De nouveau, l'attente…

– 8 –

GÉRER L'IMPATIENCE

Janvier 2006 : début des démarches. Octobre 2007 : nous figurions enfin sur la liste d'attente de la Colombie. Soit vingt et un mois plus tard ! Vingt et un mois auxquels il fallait ajouter les dix-huit mois annoncés entre cette inscription sur les listes et le moment où nous pourrions serrer notre enfant dans nos bras. Cela ferait trente-neuf mois, soit trois ans et trois mois après la première lettre au conseil général… si tout allait pour le mieux dans le meilleur des mondes de l'adoption à l'étranger.

Comment gérer cette attente insoutenable ? Ce délai était absolument terrifiant. J'y pensais tout le temps.

Chaque mois, j'achetais un petit quelque chose pour celui que j'avais surnommé Pinocchio, mon Petit Pinok à moi. Car j'avais éprouvé très tôt le besoin de lui donner un prénom, et même un tendre diminutif, pour pouvoir parler de lui. Il m'était si proche. Pinocchio, le petit pantin de bois (de ce bois dont on fait aussi le papier… et les documents pour l'adoption !) né de l'imagination de son père et qui allait se transformer en vrai petit garçon.

Partout où j'allais, j'essayais de voir des signes qui me mettraient sur son chemin. Ainsi, alors que Renaud et moi étions partis nous reposer quelques jours dans une station balnéaire de Turquie, lors de la visite d'un petit village, nous sommes entrés dans une boutique de souvenirs pour les touristes que nous étions. Partout, des objets probablement made in China, qui se voulaient aussi uniques qu'authentiques mais que nous avions déjà vus cent fois, y compris à l'aéroport. Nous étions en quête d'un joli souvenir pour la filleule de Renaud. Et tout à coup, tout au fond du magasin, j'ai aperçu des petits pantins de bois : des Pinocchio ! Ils tranchaient d'autant plus au milieu de toutes ces babioles que nous n'en comprenions pas la présence : nous n'étions pas en Italie. Que faisaient-ils dans ce petit village turc ? J'ai interrogé le vendeur, qui appela un vieux monsieur. Celui-ci nous a expliqué qu'il sculptait lui-même ces pantins, car c'était son passe-temps. Je n'ai pas pu résister et lui ai acheté le plus beau de tous. Pour moi, il s'agissait d'un véritable signe du destin, qui me disait que mon Pinok me cherchait aussi quelque part au bout du monde.

Ce fameux pantin trône toujours sur un meuble de notre salon… même si j'ai retrouvé son clone dans une boutique près de chez moi quelques années plus tard. Le vieux monsieur nous avait bien eus : ses sculptures maison étaient aussi made in Asia !

Pendant cette « période creuse », je me suis également découvert une âme de collectionneuse. Je me suis mise à commander tous les objets que proposaient les différents éditeurs de fascicules récréatifs. Le premier envoi était toujours à un prix dérisoire, alors j'ai accumulé tous les débuts de collection des années 2007 à 2009 ! La seule chose qui comptait pour moi, c'était de recevoir chaque mois mes petits colis. Et tout y passait : la mythologie, le tricot, le jardinage, l'anatomie, l'histoire de France, et même les différences espèces d'oiseaux. Et puis tout ce qui concernait les enfants. Bref, tout et n'importe quoi !

C'était compulsif. Je ne pouvais pas lutter, et je ne le voulais pas. Cela me faisait du bien. J'étais boulimique de ces objets, dont je me « remplissais » pour combler le vide de l'absence de Pinok. J'ai ainsi accumulé des collections complètes de livres sur l'alphabet, sur les animaux, la politesse, les personnages de Disney, les dinosaures et tant d'autres.

Aujourd'hui, je ne sais plus où les mettre, c'est comme les déchets : ça déborde !

De toutes ces collections, cependant, une seule me tenait vraiment à cœur : les animaux de la ferme.

Chaque mois, je recevais une famille d'animaux accompagnée d'un petit livre explicatif. Je me disais que, lorsque Pinok arriverait, il aurait une belle ferme avec de jolies figurines pour jouer. Un jour, je lui dirais : « Regarde, chaque famille représente un mois où je t'attendais. » Et il y en a eu des mois, et il y en a eu des années... La ferme est devenue majestueuse, car l'intégralité de la collection est arrivée, mais Pinok n'était toujours pas là pour la voir.

Comme beaucoup d'adoptants, j'ai aussi créé un blog racontant mon attente. C'était une sorte de cahier de brouillon, je m'y exprimais spontanément, sans fioritures. Une petite communauté me suivait, des personnes que je n'avais jamais rencontrées « en chair et en os » mais qui s'étaient prises d'affection pour moi depuis mon premier livre et me soutenaient. Pouvoir déverser mes états d'âme grâce à l'écriture m'aidait à tenir. Je jetais mes sentiments en pâture. Et puis je continuais à dépenser au fil des mois pour mon bébé Pinok. J'achetais beaucoup de livres pour enfants, je m'en procurais des collections complètes sur eBay. Sur Amazon, je tapais « adoption » et je commandais tous les bouquins pour les gamins qui abordaient de près ou de loin ce thème.

J'ai créé un deuxième blog destiné aux adoptants, mais cette fois il était consacré à ces livres. Chaque album recevait une critique et une note de ma part.

Ce blog doit encore traîner dans les méandres du Net, pas très loin de celui où j'ai réuni tout ce que je trouvais sur la Colombie.

Si je menais une vie virtuelle aussi intense sur Internet, c'est que je ne pouvais pas ennuyer mes amis avec mes histoires d'adoption et la souffrance de l'attente. J'avais trop peur de les faire fuir comme au temps de la maladie. Et j'avais le sentiment qu'ils ne pourraient pas comprendre. C'était encore et toujours mes parents qui prenaient tout de plein fouet et essayaient de me consoler, de m'encourager.

Pourtant, un samedi de janvier 2008, alors que je rentrais les bras chargés de mon plein de courses hebdomadaires, je découvris, réunis dans le salon, mon frère, mes sœurs et toute ma troupe d'amis, qui me crièrent « Surprise ! » Renaud et ma sœur Claire avaient tout manigancé pour m'organiser un anniversaire dont je me souviendrais. Et je ne m'étais vraiment douté de rien car la véritable date ne tombait que quelques jours plus tard.

J'étais émue, mais ce n'était rien par rapport à ce que j'allais ressentir au moment du cadeau. En effet, quand le gâteau arriva, Claire me tendit une enveloppe, qu'elle me remit au nom de toutes les personnes de l'assistance. C'était une participation pour un voyage touristique en… Colombie !

Cette fois, l'émotion fut à son comble. J'ai attrapé ma sœur et l'ai serrée très fort dans mes bras, inondant son épaule de larmes. C'était bien la première fois de ma vie que je pleurais dans ce genre de circonstances ! Ce n'est pas du tout dans mon tempérament. Mais là, mes barrières sont tombées. J'ai eu l'impression que toutes les personnes présentes avaient compris le poids que je portais tous les jours et eu envie de m'en délester pour un temps. Quelle joie !

Renaud avait réussi son coup : je flottais sur un nuage. Comme à son habitude, il était parvenu à m'apaiser. Il faisait tout pour que je sois heureuse. Je lui suis évidemment tombée dans les bras, mesurant ma chance d'avoir un mari comme lui.

Renaud et moi nous sommes aussi rapprochés d'un couple de Rouen rencontré grâce au forum et qui avait eu son agrément exactement à la même date que nous. Nous sommes allés passer un week-end chez eux et nous nous entendions très bien. C'était plutôt sympa de pouvoir partager nos angoisses et nos joies en fonction de l'avancée des dossiers en Colombie. Ils avaient été acceptés un petit peu avant nous par ce pays car ils n'avaient pas eu à fournir de complément d'enquête.

Je tentais ainsi de mener un semblant de vie sociale et de faire bonne figure en société. Mais je souffrais tellement de ce manque d'enfants que j'étais incapable d'imaginer l'avenir d'une façon positive. Et puis je ne supportais plus ces phrases banales de toutes ces bonnes gens qui répondaient à mes angoisses par un souriant « Le principal, c'est que tu sois guérie ! » Je n'arrivais pas à prendre de la hauteur, la leucémie me hantait encore et toujours. Non, je n'étais pas guérie. Ma tête et mon corps ne s'en étaient toujours pas remis. C'était comme une fausse note de violon qui grinçait en moi. J'étais guérie, selon les médecins, certes, mais ce n'est pas parce qu'une guerre prend fin que les soldats ne rentrent pas traumatisés… à vie.

Comme beaucoup de personnes blessées, j'attirais d'autres personnes qui avaient l'impression d'avoir les mêmes plaies ouvertes. Des copines, des cousines qui étaient désespérées de ne pas tomber enceintes au bout de six mois, voire un an, venaient me parler de leurs tourments en me disant comprendre ma stérilité. Certaines d'entre elles firent des fausses couches et se mirent à détester la vue des autres femmes enceintes. Elles approchaient de mon état. Je discutais longuement avec elles, cela leur faisait du bien de tomber sur une personne capable de les comprendre. Elles pouvaient se lâcher avec moi. Seulement elles sont toutes retombées enceintes dans les mois qui suivirent, et moi je restais sur le carreau. Plus trop de nouvelles d'elles ensuite.

J'avais servi de ramasse-peine, mais qui s'occupait vraiment de la mienne ? Je me retrouvais toujours résolument seule.

*
* *

Les saisons passaient. Mes collections s'amassaient. Et mes espoirs trépassaient. Nous avions accès à la liste d'attente pour la Colombie, car L'ICBF (l'Aide sociale à l'enfance colombienne) publiait, quand elle le jugeait utile, la progression du traitement des dossiers.

Alors, chaque jour, je guettais l'état d'avancement des travaux. Nous avions été mis sur la liste des enfants « zéro à un an » en octobre 2007 et, en comparant avec des dossiers déposés bien avant le nôtre, au bout d'une douzaine de mois, je me suis mise à faire des statistiques. Je me suis alors rendu compte que nous aurions à attendre bien plus longtemps que prévu initialement. Les dossiers se mettaient à avancer au compte-gouttes.

Sur les forums, pourtant, les gens restaient optimistes. Trop, à mon goût. Je suis plutôt du genre à voir le verre à moitié vide, persuadée que cela me permet d'anticiper et m'évite de me noyer. Cette fois, cela nous a sauvés d'une très longue attente. Les modérateurs et les routards de l'adoption se résignaient en se réfugiant derrière cet argument qui finissait par m'exaspérer : « la Colombie tient toujours ses promesses. » Mais quand les tiendrait-elle ? Avec mes savants calculs de nulle en maths, j'en ai déduit que notre attente serait d'au moins quatre ans au lieu des dix-huit mois annoncés ! J'ai posté mon hypothèse sur un forum. Et je me suis fait incendier. Comment accepter une telle éventualité ? Moi, j'y croyais, alors il allait falloir trouver une solution parce qu'il était hors de question que je déprime encore quatre ans ou plus. Je n'en pouvais plus d'une telle incertitude.

En fait, l'adoption nationale s'était fortement développée en Colombie, et tant mieux pour les petits orphelins colombiens. Mais du coup il y avait beaucoup moins d'enfants adoptables à l'international, et toujours autant de candidats à l'adoption. Engorgement aussi garanti qu'imprévisible… au moment précis où nous nous étions mis sur les rangs.

À la même époque, j'appris par les infos à la télévision que les adoptants américains subissaient un embargo au Vietnam. Ils n'avaient plus le droit d'adopter là-bas.

Cette mesure a eu des répercussions dramatiques pour les couples américains déjà apparentés à un enfant vietnamien, et j'ignore comment tout cela s'est terminé, mais je ne parvenais pas à m'apitoyer sur leur sort : mes antennes avaient capté cette information si rapidement qu'au lendemain de cette nouvelle j'envoyais une lettre à Médecins du Monde pour leur proposer notre candidature pour l'adoption au Vietnam.

Tant que les Américains étaient dans la place, tout pays confondus, difficile de lutter. Ils finançaient beaucoup plus que la France les projets humanitaires sur place, et pour des adoptions individuelles, ils pouvaient lâcher des liasses de dollars que nous étions parfois bien incapables de réunir. Mais plus d'Américains au Vietnam signifiait beaucoup d'enfants adoptables pour nous, « pauvres » Européens.

L'adoption est une salle des marchés. Il y a l'offre et la demande. Et il y a les spéculateurs.

Je spéculais complètement en lâchant la Colombie pour miser sur le Vietnam. Une vraie golden girl de l'adoption, aussi sordide que cela puisse paraître. Je ne pensais qu'à sauver notre peau et à avoir un enfant.

Il a été un peu compliqué de gérer le côté émotionnel de ce brusque revirement. Car nous nous étions faits à l'idée que notre Pinok était colombien, de culture latine, donc proche de la nôtre. Nous l'imaginions métis aux cheveux noirs, avec deux billes noires à la place des yeux. Il était déjà bien installé dans notre cœur et dans notre maison, où tout résonnait Colombie. Des livres sur le pays garnissaient la bibliothèque, un planisphère sur lequel j'avais mis une punaise rouge sur la France et une autre sur la Colombie habillait un des murs de la chambre de notre enfant. J'avais relié les deux pays par un élastique et me tenais prête à lui raconter son histoire. J'avais même acheté une poupée sud-américaine pour notre Pinok. Je rêvassais en pensant à ce petit bonhomme – qui serait peut-être une petite bonne femme, car nous n'avions pas choisi le sexe (mais au fond, tout au fond de moi, je l'espérais p'tit mec, mon Pinok). J'avançais encore dans mon cheminement vers la résilience.

J'étais tombée amoureuse de ce pays magnifique, et nous préparions un voyage touristique là-bas. Alors que l'Asie, ce n'était pas du tout mon truc, je n'avais pas la moindre attirance pour cette culture. Sans parler de la langue !

Les copains rouennais ayant obtenu l'agrément le même jour que nous avaient eu une proposition de leur conseil général pour adopter une petite Française de quelques mois. *Adios* la Colombie pour eux aussi. Cela avait été très vite, car leur département fonctionnait mieux que le nôtre concernant l'adoption nationale. J'étais ravie de ce qui leur arrivait, j'en avais même des frissons, tout en me sentant vaguement abandonnée sur la rive. On avait tout fait ensemble jusqu'à ce moment, alors j'espérais que notre tour viendrait aussi rapidement.

Leur histoire prouvait cependant que l'adoption en France était possible, les délais dépendaient juste des départements. Il y avait des conseils généraux qui se débrouillaient beaucoup mieux que d'autres pour former et informer sur l'adoption, tant du côté des adoptants que de celui des mères biologiques. Dans l'Aisne, visiblement, ce n'était pas une priorité. Il n'y avait même pas de vrai service d'adoption, c'était une assistante administrative, adorable et compétente soit dit au passage, qui était chargée de tout gérer seule. Je trouvais absolument injuste et anormal que les départements ne soient pas tous logés à la même enseigne. Il devrait y avoir un organe central répertoriant tous les enfants français confiés à l'adoption, et une liste de couples nationale et non départementale.

La lettre envoyée à Médecins du Monde, organisme autorisé pour l'adoption, n'était qu'une bouteille à la mer. Je ne savais pas vraiment ce que cela donnerait, je crois même que je n'en espérais rien, car j'étais encore trop attachée à la Colombie. J'avais posté cette lettre presque sans m'en rendre compte. Renaud en était à peine informé. C'était un non-événement.

En attendant, pour ne pas rester inactive, je cherchais toujours d'autres solutions, car je n'avais aucune certitude quant à l'éventuelle acceptation de Médecins du Monde pour le Vietnam. Par l'intermédiaire de l'ami d'un ami, je suis entrée en contact avec un couple parisien, qui m'a alors parlé d'un autre filon, en Arménie. La femme était d'origine arménienne. Ma marraine se rendait justement là-bas, alors je lui ai demandé de rencontrer la traductrice que l'on nous avait conseillée et qui servait d'intermédiaire sur place. Elle m'a dit qu'elle paraissait sérieuse mais que ce serait plus difficile pour nous qui n'étions pas d'origine arménienne. Mais c'était possible. C'était une procédure individuelle, il fallait se rendre dans le pays et faire le tour des orphelinats. Si un enfant était adoptable dans l'un d'eux, il fallait proposer une somme d'argent au directeur de l'établissement. Le problème, c'est que si quelqu'un passait après nous avec une somme plus élevée, le bébé pouvait nous échapper. Le couple dont je parle avait déjà adopté un enfant comme cela dans ce pays et s'était fait « ravir » un premier enfant par des Américains plus offrants. Pour que notre dossier soit accepté, il nous fallait trois lettres de recommandation de personnes de la diaspora arménienne reconnues. Nous avons essayé de commencer le dossier, pour finalement ne pas donner suite. Nous n'étions pas prêts pour ce genre de procédure, et ce côté « vente aux enchères » d'un bébé me révoltait.

Le temps s'écoulait lentement, si lentement… Avec la sensation d'avoir de l'eau boueuse jusqu'à la taille et d'avancer indéfiniment à contre-courant. Ou bien de participer à un marathon, d'avoir déjà couru en donnant tout, d'être à bout de muscles, à bout d'énergie, et de n'avoir finalement parcouru que dix kilomètres. Comment tenir, et encore combien de temps ?

– 9 –

GOOD MORNING VIETNAM !

Et puis un jour, la magie a opéré. Cette très chère dame Boîte aux lettres nous a délivré une missive qui allait changer notre destinée. Une réponse de Médecins du Monde. Ce n'était pas encore une acceptation, juste une convocation à un entretien, mais c'était déjà un ballet de papillons dans mon cœur !

J'ai immédiatement appelé Renaud, je lui ai expliqué avec excitation ce qui venait de se produire. J'étais passée du plus profond désespoir à l'euphorie totale. D'un coup, tout redevenait possible.

C'est cela qui est dur dans le parcours, passer d'un état à un autre, tout le temps.

D'ailleurs, le lendemain, c'était déjà moins la fête, car je réalisais que notre enfant pourrait être asiatique… alors que nous avions catégoriquement exclu l'Asie, sur mon insistance, dès le départ ! Remplacer l'image d'un enfant métis colombien par celle d'un petit être aux yeux bridés ayant une culture aux antipodes de la nôtre, c'était quand même faire le grand écart ! Mais nous voulions un enfant par-dessus tout, et la violence de ce désir a vite balayé toute autre considération. Notre peine devait disparaître. Pinok vietnamien ? Il serait bien temps de s'habituer à cette idée plus tard.

En juillet 2008, à l'issue du rendez-vous à Paris, dans les locaux de Médecins du Monde, on me demanda de monter un nouveau dossier, pour le Vietnam. Ce pays était, par chance pour moi et pour mes nerfs, beaucoup moins exigeant que la Colombie. En deux temps trois mouvements, tous les documents furent réunis. L'expérience aidant, j'étais devenue une routarde dans le domaine. Je connaissais toutes les astuces et les meilleurs moyens de pression, j'avais appris à pleurnicher avec assez de conviction pour obtenir plus rapidement un papier, je simulais à la perfection l'urgence face à un fonctionnaire réticent...

Mais cela n'était cependant pas toujours si facile, et il m'arrivait encore de devoir batailler ferme. Comme ce jour où je me suis rendue pour la énième fois dans la mairie de ma ville pour une légalisation – un simple tampon sur une feuille. Pensant naïvement que, comme j'étais déjà venue des dizaines de fois, on me reconnaîtrait forcément, je n'avais pas apporté de justificatif de domicile.

Quelle erreur ! On me refusa tout net la légalisation. Incrédule, j'ai montré tout mon dossier d'adoption, avec les pièces déjà légalisées, j'ai argué qu'il ne me manquait plus que ce document pour envoyer ledit dossier, expliqué, au bord des larmes, à quel point j'étais épuisée. C'était toujours non. Notre adresse figurait sur toutes les pièces ? Certes. Mais il ne s'agissait pas d'une simple facture EDF.

J'ai alors joué ma dernière carte, et sorti de mon chapeau un extrait de casier judiciaire… « Eh bien, voilà, il fallait le dire, vous l'avez votre justificatif de domicile ! » Or c'était un extrait de casier judiciaire que j'avais demandé sur Internet, et j'aurais pu indiquer n'importe quelle adresse puisque celle qui apparaissait sur le papier était juste l'adresse du destinataire. Cela n'avait rien d'un justificatif de domicile légalement valable. J'aurais très bien pu mettre que j'habitais à Disneyland lors de la commande du dossier si j'avais voulu recevoir le document là-bas ! J'avais entre les mains d'autres documents bien plus pertinents que celui-ci, comme les enquêtes sociales du conseil général, notre agrément *i tutti quanti.*

J'étais tellement furieuse contre cet employé de la mairie, sûrement l'un des plus anciens, que je m'imaginais en train de lui faire du mal pour qu'il ressente physiquement ce qu'il m'infligeait moralement. Et j'ai eu d'autant plus de peine à me retenir quand, cerise sur le gâteau, en me rendant le papier signé et tamponné, il m'a dit d'un air presque compatissant :

« C'est difficile l'adoption. C'est pas comme Johnny, lui, il a pas eu de problèmes, hein ! » J'étais… estomaquée. J'avais rencontré le vrai François Pignon ! Il fallait que je l'invite à dîner, celui-là !

C'est à cause de gens comme lui que l'adoption est exténuante. Comme si ce n'était pas déjà assez difficile…

*
* *

Les propos de ce type me révoltaient autant que toutes ces phrases complètement absurdes que les gens nous balancent parce qu'ils ne savent pas quoi dire d'autre. Ou bien qu'ils prononcent en se sentant super intelligents, certains qu'ils ont une excellente analyse de la situation. Le silence, c'est bien aussi !

J'en ai tellement ras le bol d'entendre à tout-va ces jugements à l'emporte-pièce sur les célébrités qui ont adopté, que ce soit Johnny, Angelina Jolie ou Madonna. Qu'est-ce que ça peut nous faire ? Chacun sa vie ! Pourquoi les condamner ? S'ils ont eu plus de facilités que nous, tant mieux pour eux ! J'aurais marché sur les mêmes ponts si j'avais été à leur place. Si ces adoptions ont été accompagnées de versements de fonds aux orphelinats ou aux œuvres humanitaires locales, mais tant mieux ! Tant mieux pour les enfants adoptés, tant mieux pour ceux qui sont toujours dans les orphelinats et dont cet argent a permis d'améliorer le quotidien.

Lors de l'adoption de leur fille aînée, les Hallyday, aidés de madame Chirac, ont, je crois, pu débloquer beaucoup de dossiers d'adoptants au Vietnam. Comment ne pas s'en réjouir ? D'autant que la célébrité n'ouvre pas toutes les portes : d'autres artistes français sont passés par les mêmes épreuves que nous et n'ont eu aucun passe-droit à l'international.

De plus, la notoriété ne protège pas du chagrin. Je me souviens avoir vu une interview de Laetitia Hallyday en larmes car son couple était stérile. J'ai vu chez cette femme autant de détresse que chez moi. Qui serais-je pour me permettre de la juger ? Des passe-droits, il y en a partout, et je suis la première à en profiter dès que c'est possible. Il faut savoir saisir sa chance.

Dans le registre des réflexions stupides, on entend aussi : « Mais comment ça se fait que vous ayez autant de problèmes pour adopter ? Il y a tant d'enfants malheureux dans le monde ! » C'est vrai, ça, on se débrouille vraiment mal, nous les adoptants, car les orphelins poussent comme des fleurs dans les jardins, il n'y a plus qu'à les cueillir ! Sérieusement, si quelqu'un a une réponse à cette question, qu'il nous en fasse part. Mais j'ai bien peur qu'il n'y en ait pas. Ou qu'il faille aller interroger les dirigeants de certains pays pour savoir quels intérêts géo-politico-religieux les poussent à interdire l'adoption et à laisser mourir de manque d'amour et de soins tous « ces pauvres malheureux » dans des orphelinats souvent délabrés. Il y a des centaines de milliers d'enfants qui ont besoin de parents, mais une poignée d'hommes et de femmes ont décidé qu'il valait mieux les laisser en institution sur leur sol natal plutôt que de les voir partir dans des familles étrangères.

Si tous les pays étaient ouverts à l'adoption internationale, le parcours des adoptants ne serait plus aussi chaotique, mais surtout les enfants seraient adoptés très tôt et bénéficieraient d'amour et d'attention dès les premiers mois de leur vie. Je voudrais comprendre pourquoi c'est ainsi, même si je ne suis pas qualifiée pour entrer dans ce débat et ne fais que constater ce que je vois, une fois encore.

Quant à la France, sa situation n'est pas plus enviable et tout aussi honteuse. Les enfants placés dès leur plus jeune âge sont légion, mais ils demeurent inadoptables car leurs parents sont toujours vivants. On privilégie le lien du sang, même si plus aucun lien n'existe. J'ai longuement discuté avec des personnes de l'Aide sociale à l'enfance (ex-DDASS) de l'Aisne pour savoir ce qui se passait. On m'a nettement fait comprendre que l'adoption n'était pas au cœur des préoccupations du département. On m'a raconté que beaucoup d'enfants n'avaient plus aucun lien avec leurs parents et qu'ils n'en auraient plus jamais, mais que, malgré tout, ils avaient des parents biologiques et qu'il était donc impensable de les confier à l'adoption.

Certains départements français, pourtant, commencent à prendre conscience de cette absurdité et développent l'adoption d'enfants plus grands.

En 2014, j'ai vu un reportage qui faisait le triste constat que 40 % des SDF venaient de foyers de l'Aide sociale à l'enfance. Une jeune fille de quinze ans disait dans son témoignage qu'elle aurait aimé être adoptée, qu'elle aurait eu de vrais parents et une vie différente.

Cela fait des années que le gouvernement assure qu'il va faire quelque chose. Mais rien ne change. Nous sommes tout aussi incapables de nous occuper de nos enfants livrés à eux-mêmes que les autres pays du monde.

*
* *

Pour en revenir aux réflexions des uns et des autres quand ils apprennent que l'on souhaite adopter, je pourrais aussi citer : « Ah vous allez adopter ? Je ne sais pas comment vous faites. Moi, je ne pourrais pas. Un enfant qui n'ait pas mon sang, mes gènes… »

Je suis la dernière à pouvoir leur en vouloir de penser ce genre de choses, car je n'étais pas moi-même franchement pro-adoption. Mais quand on détient ce magnifique pouvoir qu'est l'intelligence, on fait preuve d'un minimum de retenue face à un adoptant. Et on garde ses pensées pour soi.

Je crois bien que certaines des remarques les plus blessantes que j'aie entendues, que ce soit avant ou après l'adoption, venaient de proches. « Ah, je connais cette femme, elle a été adoptée (en France, il y a quarante ans). Elle tourne mal, mais c'est pas étonnant, c'est sûrement une fille d'alcoolique(s). » Ou, plus courant : « Mais sa *vraie* mère, tu la connais ? »

Récemment, alors que j'allais chercher mon second fils à la garderie, une maman m'a gentiment interpellée pour me dire que mes enfants étaient vraiment mignons et que nous avions fait « du beau travail », mon mari et moi. Comme je la remerciais en souriant mais précisais toutefois que ce n'était pas nous qui avions « fait le travail », elle me répondit : « Eh bien alors vous les avez bien choisis ! » Choisis ? Sur catalogue, peut-être ? Dans le même registre, on m'a aussi carrément demandé où j'avais acheté mes enfants !

On est blessé, choqué, secoué... mais on finit pourtant par en rire. C'est tellement ridicule. D'autant que personne n'est à l'abri des gaffes et que je dois aussi en commettre concernant d'autres sujets. S'il y a bien une chose que j'ai retenue du *Dîner de cons* de Francis Veber, c'est qu'on est toujours le con de quelqu'un d'autre.

Pour me protéger, je n'allais pas rendre visite à la maternité aux copines qui accouchaient. Trop dur. Les seules pour qui je fis cet effort furent mes deux sœurs, Claire et Alix.

Alix, la plus jeune, fut la première à annoncer sa grossesse, en 2010. Ce fut un choc pour moi – je ne m'y attendais pas du tout. Elle fut suivie de près par Claire. L'annonce d'Alix me renvoya à mes propres angoisses, car je n'avais pas l'absolue certitude de réussir à adopter un enfant à ce moment-là. Et puis le fameux droit d'aînesse n'est pas un mythe, il semble ancré dès la naissance… Aujourd'hui, je suis la marraine d'Alphée, la petite d'Alix, que j'adore comme si c'était ma fille, et plus récemment d'Augustin, le second enfant de Claire. Son aînée s'appelle Victorine. Leurs enfants sont tous nés après l'arrivée de notre aîné, donc je n'ai pas souvenir d'avoir souffert de leurs grossesses.

*
*   *

Le dossier pour le Vietnam fut finalement validé et envoyé. Pour toutes les étapes administratives nécessaires, fléau de l'adoption, nous avions encore été délestés de quelques centaines d'euros. Car tout se paie : traduction, frais postaux, frais de fonctionnement…

Nous avons décidé de laisser notre dossier en Colombie et nous n'avons pas informé les principaux intéressés – Agence française de l'Adoption, ICBF (Aide sociale à l'enfance colombienne) et Médecins du Monde – de cette démarche parallèle. En matière d'adoption internationale, tout pouvait changer du jour au lendemain, il suffisait de voir ce qui s'était passé pour les Américains au Vietnam. Nous n'étions pas à l'abri d'un incident diplomatique entre la France et un autre pays.

Nous étions aussi sur la liste d'attente française, sans espoir évidemment. Mais mieux valait mettre toutes les chances de notre côté. Cependant, depuis le départ, quelque chose me choquait. Tous les couples n'avaient pas les moyens d'adopter à l'international, et ceux qui ne pouvaient pas se le permettre étaient obligés d'attendre sur les listes françaises. C'était profondément injuste. Je me disais que si un enfant français nous était attribué alors que nous pouvions adopter à l'étranger, ce serait priver de ce bonheur un couple qui n'avait que cette voie pour y parvenir.

– 10 –

MÉDECINS DU MONDE : L'ESPOIR

Le jour de nos trois ans de mariage religieux, le 10 septembre 2008, Médecins du Monde nous a informés que nous figurions désormais sur sa liste d'attente, le Vietnam ayant validé notre dossier. Nous sommes entrés dans la course avec le numéro 97. Ce n'était pas du tout la même procédure qu'avec la Colombie. Ce n'était pas le Vietnam qui publiait l'état d'avancement de ses dossiers, puisqu'il n'y avait pas là-bas, à l'époque, de grande institution qui centralisait toutes les candidatures. C'était Médecins du Monde qui s'en chargeait.

Au Vietnam, chaque association humanitaire travaille avec son réseau d'orphelinats. L'Agence française de l'Adoption a aussi ses propres ramifications. Sur place, le correspondant de Médecins du Monde (MDM) « négocie » avec les directeurs d'orphelinat pour proposer un de ses couples d'adoptants quand un enfant est adoptable. Après chaque placement, les autres adoptants gagnent des places dans la liste de MDM.

C'était plutôt pas mal, car nous nous rendions bien compte de notre progression, et cela avançait à un bon rythme. Cette dynamique était motivante. Rien à voir avec le vide sidéral et la solitude ressentis pour la Colombie, où tout était flou quant à l'avancée de notre dossier. Nous avions le droit d'appeler Médecins du Monde tous les mois pour connaître notre « numéro d'ordre ». Car c'est triste à dire, mais à ce stade nous n'étions que des numéros qui décroissaient dès que les premiers étaient apparentés à un enfant vietnamien.

Au début, nous ne le ressentions pas trop, car l'équipe Médecins du Monde était vraiment sympa et insistait sur le fait que nous étions bien des personnes et non une suite de chiffres. Le problème, c'est que ce sont des bénévoles et que, les bénévoles, ça va et ça vient. Manque de chance, l'équipe installée depuis de longues années a changé l'année où nous attendions. Et de ce jour, rien n'a plus été pareil. La nouvelle équipe était dirigée par une femme très froide au téléphone. Certains adoptants, dont je faisais évidemment partie, l'appelaient « le cerbère » sur les forums.

Elle était tellement sèche au bout du fil qu'elle nous paraissait dénuée d'émotions, incapable de compatir une seule seconde à notre impatience. Il m'est même arrivé de me retrouver en pleurs après l'avoir eue. Elle ne voulait plus donner les classements auxquels nous nous raccrochions tant, car nos appels répétés ralentissaient son travail. Heureusement pour nous, elle n'était pas toute seule, et nous avions parfois affaire à une autre dame, plus avenante. Chaque fois, j'espérais tomber sur cette femme, car elle « lâchait » aussi certaines informations qui, même minimes, nourrissaient notre espérance.

Je faisais désormais partie d'un forum réunissant uniquement les adoptants au Vietnam avec Médecins du Monde qu'une adoptante avait eu la merveilleuse idée de créer pour que nous nous soutenions mutuellement. Nous étions une petite centaine, tout le monde n'y avait pas accès : c'était un forum « secret » dont Médecins du Monde n'avait pas connaissance… du moins tout au début. Ils ont vite compris que nous parlions entre nous « en sous-marin », car certains devaient nous trahir au téléphone et révéler sans le vouloir que nous nous tenions au courant de la progression des uns et des autres.

Sur le forum, nous avions en effet mis au point une stratégie pour connaître notre position plus souvent qu'une fois par mois. En général, chaque couple s'acoquinait avec deux ou trois autres placés juste devant lui ou juste derrière, qui appelaient à tour de rôle dans le même mois. Cela nous permettait d'en déduire plus souvent notre classement exact, puisque l'ordre des attributions d'enfants était strictement respecté par Médecins du Monde.

C'est ainsi que, de mois en mois, nous nous rapprochions, lentement mais sûrement, du Graal. J'écrivais toujours mes chroniques sur mon blog. J'annonçais à ma petite communauté notre avancement dans le classement en citant le département français correspondant au numéro atteint. « Hier, j'ai appris que nous étions dans les Vosges (88) » ; « Salut, tout à l'heure nous étions en Haute-Savoie (74), mais qui sait, peut-être que demain nous serons en Haute-Saône (70) » ; « Je viens d'apprendre que nous étions dans le Nord (59). » Je n'avais qu'une hâte : atteindre notre vrai département, l'Aisne, le 02 ! Puis l'Ain, évidemment ! Nous en étions encore très loin.

Une tradition d'accueil chinoise a fait irruption chez beaucoup d'adoptants : la constitution d'un *bai jia bai*, appelé en français « couverture aux cent vœux », pour l'enfant à venir. Il s'agit d'une couverture en patchwork cousue par les parents avec, théoriquement, cent carrés de tissu envoyés individuellement par la famille, les amis et relations, et tous accompagnés d'un souhait ou d'un petit mot pour l'enfant.

Je trouvais l'idée originale, alors j'en ai parlé à mes amis, dans la vie comme sur la Toile. Ils ont tous joué le jeu, et je me suis retrouvée avec des dizaines de carrés de tissu. L'objectif des cent coupons a été largement dépassé, car un club de patchwork du sud de la France a eu envie de participer et m'en a envoyé beaucoup. J'avais juste un petit problème : je ne savais pas coudre. Et je ne sais toujours pas ! Alors j'ai gardé précieusement les morceaux de tissu. Toutes ces petites attentions, chacun de ces témoignages d'amour et d'amitié m'aidaient à supporter l'attente. Je me sentais entourée.

Quand Pinok sera en âge de comprendre ce que représente chaque carré de tissu, nous trouverons une couturière qui s'occupera de lui élaborer sa couverture de vie, et je lui lirai la pile de mots manuscrits lui souhaitant tout le bonheur du monde qui accompagnait ces envois.

Au début de l'été 2009, désespérant de recevoir le coup de fil magique de Médecins du Monde, je m'étais mis en tête d'adopter un chiot comme « produit de substitution ». Pourtant, je n'aimais pas spécialement les animaux domestiques. Il y avait bien toujours eu des petits bêtes à la maison dans mon enfance, mais elles mouraient toutes assez rapidement les unes après les autres. Il n'y a guère que le cochon d'Inde et le lapin qui soient morts « naturellement ». Notre chatte est passée sous les roues d'une voiture dans notre rue, la chienne qui l'a remplacée nous a été volée dans le jardin, la suivante est restée une dizaine d'années avec nous… avant que maman ne l'écrase par inadvertance en rentrant dans la cour. (J'étais dans la voiture, ça fait vraiment un drôle d'effet, surtout que c'est moi qui ai dû aller constater les dégâts !) Puis nous avons eu une petite chienne qui, au bout d'un an ou deux, s'est sauvée de la maison de campagne et a été rendue à la famille dans un sac-poubelle, écrabouillée par un camion. Pour être sûre que c'était bien notre chienne, le garde forestier a demandé si son collier était bien rouge. Non, il était bleu ciel... avant de devenir rouge sang.

Seul le chien de mon père, un robuste animal de chasse, résistait. Mais devenu vieux, handicapé et sourd, il a un jour quitté le jardin de la maison de mes parents pour ne plus jamais revenir. Son départ est resté un mystère. Pour remplacer tout ce monde-là, ma mère a pris une bichonne, qui elle-même a eu d'autres bichons. Et le jour où la chienne a mis bas, c'est moi qui étais de service car j'étais seule avec elle à la maison. J'ai quand même appelé mon père, qui n'était pas très loin. Le comble ! Je ne pouvais pas avoir d'enfants et je me retrouvais à devoir aider une chienne à avoir ses mômes poilus. Vu le peu d'intérêt que j'avais pour les chiens, je n'ai eu aucune envie d'adopter un de ses petits.

Alors pourquoi ai-je changé d'avis en attendant Pinok ? Un coup de tête, comme cela m'arrivait souvent. Je me suis imaginé que cela comblerait mon creux d'amour. Un soir, j'ai donc annoncé à

Renaud qu'une petite chienne de quelques jours nous attendait dans un élevage en Bourgogne. Car j'avais choisi la qualité : animal de race, élevage reconnu, etc. Renaud n'était pas très content d'être placé devant le fait accompli, mais il a accepté d'aller la chercher. Et trois mois plus tard, nous étions les heureux maîtres d'Eden, cavalier King Charles qui ressemblait à s'y méprendre à un petit nounours.

Nous sommes vite devenus gâteux de notre chienne. Il fallait voir le transfert que nous faisions sur elle ! Elle nous a beaucoup aidés à supporter l'absence. J'étais sa maîtresse, c'était moi qui l'éduquais, et Renaud jouait beaucoup avec elle. Ce grand gaillard à la carrure de rugbyman était devenu inséparable de sa micro-chienne !

*

* *

En septembre 2009, nous avons commencé à progresser sérieusement dans le classement. Nous avons alors réalisé que nous n'étions pas du tout équipés matériellement pour accueillir un enfant, d'autant plus que nous ignorions encore quel âge aurait Pinok au moment de son arrivée à la maison. Mais comme il fallait quand même se pencher sur la question, j'ai enfin osé franchir le seuil d'un magasin d'articles pour bébés. J'ai immédiatement été saisie d'une impression étrange. Le mot juste serait plutôt que je me suis sentie « étrangère ». Pas à ma place. Un monde inconnu s'ouvrait à moi. Avais-je le droit moi aussi de passer la porte d'un univers commercial qui respirait le lait maternel suintant du nez des nourrissons ? Sûrement, mais à ce moment précis, je m'interdisais de considérer que j'étais une future maman au même titre que les femmes enceintes qui arpentaient les allées du magasin.

J'ai fini par me rendre régulièrement dans cette enseigne, comme pour m'imprégner de ce délicat moment où mon tour de « mamantitude » viendrait. Je repartais toujours avec une bricole, que ce soit un biberon ou des couverts pour enfants. Mais je n'ai jamais pu me risquer à prendre un siège auto, une poussette ou je ne sais quoi de plus important. D'autant plus que tout cela coûtait cher et que nos finances avaient déjà beaucoup souffert. Nous verrions le moment venu.

Néanmoins, je me mis à rechercher activement un lit évolutif, puisqu'il conviendrait quel que soit l'âge de notre Pinok. Je passais mes soirées à comparer les prix sur Internet et à me plonger dans la lecture des avis des consommateurs, jusqu'à ce que je trouve « le » lit. Je n'avais aucune envie d'opter pour un de ceux que proposaient les grandes enseignes spécialisées : leurs prix étaient exorbitants. Je ne voyais pas l'intérêt de dépenser autant pour un lit qui ne durerait que quelques années et qui serait revendu une bouchée de pain sur *leboncoin.fr*. Je pris un autre parti et commandai chez un fabricant allemand spécialisé dans les meubles en bois non mélaminé un lit en forme d'éléphant qui pourrait ensuite se transformer en petit canapé. Le tarif était très compétitif, et nous n'avons eu aucune mauvaise surprise au montage : qualité et solidité étaient quand même au rendez-vous.

Nous avions à nouveau déménagé, tout en restant dans la même ville, car nous souhaitions abandonner la location et emprunter pour devenir propriétaires. Nous devions absolument faire quelques menus travaux dans la maison avant l'arrivée de Pinok. Dans sa chambre, il fallait que je ponce la bibliothèque, peigne les murs, installe une moquette, mette des rideaux. La porte était capitonnée car l'ancien propriétaire, un psychanalyste, utilisait cette pièce comme bureau. Nous avons décidé de la garder pour son originalité. Pour le reste de la chambre, j'avais envie d'une ambiance « montagne » : moquette rouge, rideaux aux motifs savoyards, grandes étagères en bois brut comme dans les chalets sur tout un pan de mur.

L'endroit devenait au fil des jours un vrai petit cocon, et le fait de m'atteler à sa préparation donnait un peu plus de vie à cet enfant que nous attendions depuis quatre ans. Ma réticence pour l'adoption avait maintenant totalement disparu. Mon Pinok prenait vie dans mon esprit, et sa présence se diffusait dans tout mon corps. Chaque pore de ma peau transpirait l'essence de mon enfant. Il était là. J'étais prête. Je savais que lorsqu'il se transformerait en vrai petit môme, j'oublierais les affres de la stérilité. Cet enfant, je l'aimais déjà tellement fort ! Il était en moi depuis si longtemps. Partout où j'allais je pensais à lui. Je l'imaginais avec moi dans chaque acte de ma vie quotidienne.

– 11 –

L'APPEL… ET ENCORE L'ATTENTE

Le 19 novembre 2009, alors que je me préparais pour aller travailler, je fus brusquement sortie de ma douche par la sonnerie du téléphone. Je me précipitai sur mon portable, dégoulinante, sans même prendre le temps d'attraper une serviette, pour voir qui m'appelait à cette heure inhabituelle : c'était un numéro en 01. Paris…

– Bonjour, Je suis madame La-Plus-Gentille, de Médecins du Monde… Tout va bien ? Vous êtes assise ?

J'étais terriblement tendue et angoissée tant j'appréhendais la suite. Mais je réussis à articuler un inaudible :

– Euh, oui… Pourquoi ?

– Eh bien, un petit garçon de huit mois vous a été attribué, il est à Hô Chi Minh, dans le sud du Vietnam, à l'orphelinat de Go Vap, il…

Je l'écoutais attentivement, d'une oreille trempée et les deux pieds dans la flotte. Contre tout attente, je ne m'étais pas mise à pleurer, et les émotions qui me traversaient n'avaient rien à voir avec l'espèce d'euphorie que j'imaginais vivre à cet instant précis depuis si longtemps. À vrai dire, j'étais déçue. L'enfant avait huit mois. Je trouvais que c'était déjà trop grand. Je ne pourrais pas materner un tout petit bébé. Les attributions précédentes étaient presque toujours des nourrissons. Je ne parvenais pas à me réjouir. En plus, madame La-Plus-Gentille m'avait précisé que c'était un « beau bébé », et je savais bien que ça voulait dire qu'il était gros. Génial ! Les bébés vietnamiens venaient tous au monde avec un poids moyen de 2,6 kilos, et le nôtre, il faisait 3,2 kilos à la naissance. C'était énorme pour le Vietnam ! Et en plus, il n'était pas grand. Je ne voyais que le négatif. C'est mon côté hyper pessimiste en toute situation, ma protection contre la déception.

En fait, j'avais terriblement peur. Madame La-Plus-Gentille venait de me dire que j'allais être… maman !

Avant de raccrocher, elle m'expliqua qu'elle allait m'envoyer par courriel toutes les informations ainsi que la liste des pièces dont elle avait besoin pour finaliser le dossier. Elle m'informa au passage que l'attente avant de partir chercher Pinok allait être très longue. Nous devions tabler sur environ douze mois entre l'attribution de l'enfant et le moment où le Vietnam l'autoriserait à sortir de l'orphelinat. Le temps de mener une enquête – qui se révélait de plus en plus lente dans ce pays – pour tenter de retrouver la famille biologique. De plus, on ne nous enverrait pas de photos de lui. Nous le découvririons seulement au moment de partir le chercher. Cela « pour nous protéger », car nous pouvions « être désapparentés durant cette période » !

« Désapparentés », un mot qui n'existe même pas dans le dictionnaire. On vous a attribué un enfant, on vous l'a décrit avec précision, et puis un jour, comme ça, on vous appelle en vous disant que, finalement, ce petit que vous avez imaginé de longs mois, à qui vous avez donné un prénom et que vous aimez déjà viscéralement, même sans le connaître, ce n'est plus le vôtre. Que finalement il est lourdement handicapé mais qu'on ne l'avait pas vu. Que finalement on a retrouvé un arrière-grand-oncle de sa famille biologique qui veut bien le récupérer (pour le faire travailler ?). Que finalement il a été adopté par un autre couple entre-temps (ça n'arrive pas au Vietnam, mais dans d'autres pays, hélas, c'est possible). Pire même, vous pouvez avoir rencontré votre enfant plusieurs fois dans son pays, avoir noué des liens très forts et apprendre du jour au lendemain que votre Pinok n'est plus adoptable.

Évidemment, dans ces cas-là, il ne faut pas espérer le moindre soutien psychologique. Nombre d'adoptants ont alors le sentiment d'être traités comme des « sous-produits » de la parentalité. La perte de cet enfant les fait terriblement souffrir, mais personne n'en fait grand cas. Les couples désapparentés rencontrent très peu de compassion de la part des autorités. On ne les considère pas comme de « vrais parents », et ce ne sont pas leurs « vrais enfants ». Le chagrin qu'ils éprouvent n'a pour la plupart des gens rien à voir avec celui d'un couple qui perd son bébé à la naissance. Si ce n'est pas celui qu'on leur avait attribué, ce sera un autre. Où est le problème ?…

Je retournai sous la douche pour me rincer, car le savon commençait à sécher désagréablement sur ma peau, puis sortis rapidement de la salle de bains. J'étais désorientée. Je ne savais pas quoi faire. Quoi penser. Il fallait que je l'annonce à Renaud, mais comment ? J'avais imaginé plein de scénarios pour ce jour J. Aucun ne se présentait à moi. Le vide. Je ne réalisais pas moi-même que ce grand moment était arrivé. J'éprouvais un mélange de peur et de joie. Un flou de sentiments.

En passant dans la chambre de Pinok, il me vint une idée. Je m'emparai d'un objet que j'avais acheté et qui faisait office de calendrier perpétuel. Il s'agissait d'un Pinocchio en bois assis sur trois cubes, deux pour la date du jour, et le troisième pour le mois. Je positionnai le premier sur le chiffre 2, le deuxième sur le 5, le dernier sur le mois de mars. J'installai ce Pinocchio près de moi dans la voiture et partis pour une visite surprise à Renaud, qui travaillait à une demi-heure de la maison.

Pendant tout le trajet, je vis la route défiler sans la regarder. Mes yeux se perdaient dans les champs alentour. Il faisait beau et je sentais l'excitation me gagner. Avec cette bonne nouvelle, les petits papillons étaient revenus battre frénétiquement des ailes dans mon cœur. Ce chatouillis euphorisant atteignait ma tête, et les pensées comme les questions fusaient dans tous les sens.

Huit mois. Ça faisait quoi un enfant à cet âge-là ? Et si nous mettions encore un an avant d'aller le chercher, il aurait déjà vingt mois. C'était hyper grand un enfant de vingt mois, ça n'avait plus besoin de biberon ou de trucs comme ça, si ? En fait, je n'en savais rien, je n'avais jamais étudié tout ça d'aussi près. Il allait falloir que je regarde sur Internet. Toutes sortes d'idées plus ou moins saugrenues me traversaient l'esprit.

Quand j'arrivai enfin à l'agence, munie de mon objet Pinok, je suis entrée dans le bureau de Renaud et j'ai soigneusement refermé la porte derrière moi. Renaud fut très surpris de me voir. J'essayais de rester impassible. Je lui tendis simplement mon calendrier. Sans mot dire. Il me lança un regard interrogateur. J'y répondis par un œil malicieux. Quelques secondes s'écoulèrent, et il comprit. Je n'avais toujours pas prononcé un mot. Puis j'ai rompu le silence et lui ai fait part de toutes les informations que j'avais récoltées sur Pinok. Il était né le 25 mars 2009, pesait tant, mesurait tant…

Mon mari, comme à son habitude, ne montra rien de ses émotions. Tout se passait à l'intérieur, chez cet homme-là, alors que moi, je laissais tout échapper ! Renaud ne se réjouirait que lorsque nous aurions Pinok dans les bras. Il pensait au « désapparentement » qui pourrait arriver. Il songeait à ne pas trop s'attacher au cas où… Mais je savais quand même qu'il était content, je le voyais. Certains rictus et plissements de paupières le trahissaient.

J'ai commencé à aborder le sujet du prénom, mais il ne voulait pas en discuter tant que le départ définitif pour le Vietnam ne serait pas annoncé. Je me sentis terriblement frustrée, car, depuis le début des démarches, je faisais des listes et des listes de prénoms potentiels : Féminins / Masculins / Mixtes… Et j'avais à chaque fois une énorme envie de les soumettre à Renaud. Mais j'essuyais un refus catégorique. Renaud était d'un silence monacal quand il s'agissait d'évoquer notre futur enfant. C'était vraiment difficile à supporter, mais je comprenais cette sorte de superstition.

Cette fois, je percevais une petite ouverture, une sorte de sourire dans le regard… Il me demanda néanmoins de ne parler à personne de cette attribution, car rien n'était sûr. Je lui répondis qu'il me serait impossible de me taire. J'avais envie de le dire à tout le monde ! Une femme enceinte de trois mois ne se prive pas de l'annoncer à la Terre entière, même si elle fait une fausse couche ensuite. Alors pourquoi m'obliger au silence ?

Dans la tête de Renaud, si fausse couche il devait y avoir pour nous, ce serait dévastateur, et il n'aurait pas du tout envie que l'on vienne lui en parler. D'où la raison de son silence. Si personne n'était au courant, personne ne viendrait aborder le sujet. Tout comme il ne disait presque rien de notre procédure d'adoption autour de lui. C'était trop douloureux. Renaud est le maître du silence, et moi celui du bavardage.

*

* *

Les mois qui suivirent s'étirèrent plus paresseusement que les précédents. Depuis janvier 2006, nous suivions un fil invisible dans le labyrinthe de la procédure, mais nous ne savions pas où il nous mènerait. Maintenant, un enfant était attaché à l'autre extrémité de ce fil. Pinok existait vraiment ! Un petit bout de chou aux yeux bridés et aux cheveux noirs et lisses.

Après environ cinq mois d'attente, comme je ne pouvais me résigner à ne rien savoir de lui, j'ai cherché sur les forums des informations sur son orphelinat, regardé si des bénévoles travaillant pour une association humanitaire pourraient s'y trouver, lancé des messages sur les autres forums d'adoptants au Vietnam hors Médecins du Monde.

Et petit à petit ma recherche a commencé à payer. J'ai tout d'abord trouvé une association française qui aidait Go Vap, l'orphelinat de Pinok, et qui était prête à m'aider moi aussi. Dans le même temps, une femme d'un forum m'a contactée pour me dire qu'elle se rendait justement à Go Vap avec sa fille afin de lui montrer l'orphelinat où elle l'avait adoptée. Bingo ! Elle s'appelait Isabelle et était médecin. Avant son départ, je lui ai donné les nom et prénom vietnamiens de Pinok, ainsi que sa date de naissance. Quel espoir ! Mon cœur fondait rien qu'à l'idée de pouvoir rapidement mettre un visage sur le nom de ce petit d'homme. Pinok allait bientôt se transformer en vrai petit garçon, la fée Bleue (comme le logo de Médecins du Monde) était sur le point d'utiliser sa baguette magique...

Isabelle s'est envolée pour le Vietnam le 16 avril 2010. C'était un voyage touristique, Go Vap n'étant qu'une étape. Elle était restée en contact avec une sœur qui œuvrait dans l'orphelinat, sœur Lucienne, une Vietnamienne sans âge qui parlait français. C'est grâce à elle qu'Isabelle pourrait entrer dans l'orphelinat et le visiter, mais aussi chercher à obtenir des informations sur notre fils.

Le jour J, j'ai vu défiler chaque minute. J'avais beaucoup communiqué avec Isabelle avant son départ via la messagerie instantanée, et nous avions vraiment eu des discussions approfondies. Je lui avais envoyé un album photo à transmettre à sœur Lucienne pour que celle-ci le montre régulièrement à Pinok. Il y avait des photos de nous, de sa chambre, de notre chienne, et de ses grands-parents. Mais nous n'avions aucune certitude qu'elle rencontrerait notre fils. J'espérais si fort que j'en étais tétanisée.

Et puis un message : « Nous avons vu ton fils ! Je l'ai pris en photo et j'ai aussi une toute petite vidéo. » Quelle émotion ! Le cœur qui bat deux fois plus vite, l'excitation de bientôt le voir. Et enfin la découverte via ma messagerie. Je n'arrivais pas à savoir s'il était beau ou non, je ne parvenais pas à être objective. Je le voyais, c'est tout. Un petit pruneau, deux grands yeux bridés, mais pas excessivement, avec deux billes noires. Des lèvres pulpeuses comme celles des poupées. Il était typé du Sud d'après Isabelle, ce qui signifiait qu'il n'était pas blanc. J'adorais ! J'espérais tant qu'il serait du Mékong. Une peau caramel, une peau miel, une peau sucrée à bisous ! Comme j'avais pu être stupide de rayer le Vietnam dès le début de nos démarches… Et surtout : comme j'avais pu être stupide de craindre l'adoption au début ! C'était tellement fort.

Isabelle me dit qu'il était apparemment en bonne santé mais qu'il était hyperlaxe, c'est-à-dire que ses muscles manquaient de tonicité, faute de stimulation sur place. Elle ne l'avait pas vu sourire. Il était probablement trop impressionné par ces étrangers qui s'intéressaient à lui.

Il a fallu que j'attende un peu que me parvienne la vidéo, mais quand je l'ai reçue, quelle joie à nouveau ! Voir mon fils en mouvement changeait tout. Il était dans son lit à barreaux métalliques, tentant d'attraper l'appareil photo…

Il était encore très loin de nous, mais je l'avais vu. Et bientôt il me verrait aussi, regarderait ces photos que j'avais confiées à Isabelle pour lui.

Juste après avoir regardé le petit film que m'avait envoyé Isabelle, j'ai imprimé la photo de Pinok pour la montrer à Renaud. Mais à ma grande surprise, il n'a pas voulu la regarder. Respect. Je ne sais pas comment il a réussi cet exploit de ne pas céder à la tentation. Toujours la même prudence : il préférait ne pas voir Pinok tant que notre départ n'était pas confirmé. Le voir et être désapparenté ensuite serait trop dévastateur.

Renaud, c'est la raison avant la passion, et moi, c'est plutôt l'inverse. Il m'en voulait presque d'avoir demandé une photo, car je lui avais ajouté un stress inutile. Si j'avais respecté le silence de Médecins du Monde, il n'aurait même pas eu à se poser la question d'accepter de voir Pinok ou non. J'avais tout de même ordre de ne montrer cette photo à personne.

*

*   *

Nous avons vraiment vécu l'adoption de manière totalement différente, Renaud et moi. Si Renaud écrivait cette histoire, son récit n'aurait rien à voir avec le mien. En matière d'adoption, il n'y a pas deux parcours semblables. Même au sein du couple, chacun a sa propre perception des choses et les vit à sa manière. Il n'est d'ailleurs pas rare de voir des couples se séparer en cours de procédure, parfois même quand l'enfant est enfin là. Comme dans toute épreuve, ce n'est pas simple d'accepter que l'autre ne souffre pas – et n'évolue pas – de la même façon. Les failles de chacun sont beaucoup plus visibles. Il n'y a pas deux adoptants qui livreront le même témoignage. Mon récit ne reflète que mon ressenti, ma vision, mon « vécu ».

La photo de Pinok, mon trésor en papier, demeurait dans ma poche tout le temps. Je l'emmenais avec moi partout. J'avais beaucoup de mal à résister à la montrer.

Et puis l'attente. Encore. En mars 2010, j'ai décidé de partir me reposer seule dans le Sud. J'avais besoin de souffler, de voir la mer, de respirer. Mon père, me voyant dépérir, m'avait alors octroyé cette semaine de liberté. De toute façon, je n'étais pas très efficace au bureau, j'étais comme paralysée par le stress et l'attente. Renaud travaillait, il ne pouvait pas me rejoindre. La douceur du temps me réconforterait.

– 12 –

NOUS L'APPELLERONS TIMOTHÉE…

Même si j'étais dans le Sud, je stressais tellement qu'un jour j'ai décidé d'appeler Médecins du Monde.

Je savais que l'équipe française partait bientôt pour le Vietnam afin de faire un bilan et de se rendre dans certains orphelinats. Je leur demandai, si par chance ils allaient dans celui de notre fils, s'ils pouvaient prendre une photo de lui le jour de son premier anniversaire, le 25 mars. Je n'allais pas jusqu'à espérer obtenir un cliché de Pinok soufflant sa bougie, mais juste un souvenir, une image que nous pourrions lui montrer plus tard et qui prouverait que nous pensions à lui ce jour-là.

On me répondit que l'équipe essaierait d'accéder à ma demande, mais sans garantie. La conversation fut brève et assez sèche. Et moi, à fleur d'émotion, je raccrochai en larmes.

Je n'avais obtenu ce jour-là aucune information quant à l'avancée de notre dossier au Vietnam et notre éventuel feu vert pour partir là-bas.

Pourtant, quelques semaines plus tard, le 27 avril, je recevais un coup de fil de Médecins du Monde nous informant que nous devions être au Vietnam le 19 mai pour rencontrer Pinok. Lors de mon dernier appel, l'association le savait déjà mais ne m'en avait rien dit parce qu'elle attendait plus d'informations, paraît-il. Il aurait été si simple de me réconforter en me disant que c'était pour bientôt ! Était-ce trop demander ? Au lieu de cela, on m'avait rappelé que les délais étaient généralement de douze mois.

Nous partions enfin ! Quelle sensation de légèreté ! Je lâchais quelques sacs de lest. Nous devions être au Vietnam moins de trois semaines plus tard. Heureusement, l'avantage, quand on passe par un organisme autorisé pour l'adoption comme Médecins du Monde, c'est qu'il s'occupe de tout dans le pays d'origine de l'enfant. Un vrai tour operator. Nous n'avions que les billets d'avion à acheter. Nous avons confirmé que nous acceptions l'hôtel qu'ils nous proposaient. Et puis surtout il fallait leur faire le gros chèque final, qui comprenait le don à l'orphelinat et tous les frais annexes.

Renaud m'autorisa alors à lui montrer la photo de notre fils. Comme à son habitude, il ne fit aucun commentaire. Mais je voyais qu'il était content. À force de pratiquer l'ours, je finissais par deviner ses émotions.

Médecins du Monde ouvrit aussi le robinet et nous envoya tout le dossier de Pinok, avec les photographies qu'ils avaient en leur possession. Et, miracle ! ils avaient pu le prendre en photo le jour de son anniversaire. Je vis d'abord le tout premier cliché, celui que madame La-Plus-Gentille avait sûrement devant les yeux lors de son appel pour m'annoncer que nous avions une attribution, et effectivement, il était affreux : Pinok avait une dent alors qu'il n'était encore qu'un nourrisson et il paraissait gros. Je compris pourquoi elle me l'avait décrit comme « un beau bébé » ! En réalité, la photo était mal prise et ne mettait pas Pinok en valeur, comme nous l'avons découvert sur le reste de la série, qui révélait un bébé tout à fait normal. En revanche, les clichés pris le jour de son anniversaire montraient un petit bonhomme très différent. Si différent que cela en était même inquiétant, car il paraissait tout fragile, tout mince, presque maigre. Mon petit pruneau était quand même canon. Mais ce que m'avait dit Isabelle à son propos était sûrement vrai, son regard était perdu.

Il restait une étape majeure et primordiale à franchir, une étape sur laquelle je travaillais depuis quatre ans au moins, et même depuis mon enfance, quand j'en discutais avec mes copines dans la cour de l'école : le choix du prénom. Il allait enfin être au centre de nos préoccupations, et nous allions pouvoir en parler tous les deux, Renaud et moi !

Livres spécialisés à la main, nous refîmes le tour des prénoms existant en une matinée. Moi qui avais passé toute ma vie à le chercher, je le vis finalement apparaître « sur la table d'accouchement » au bout de deux heures maximum. Comme une évidence. Adieu Pinocchio, bonjour Timothée. Il conserverait néanmoins son prénom vietnamien en second prénom. Loin de nous en effet l'idée de vouloir renier ses origines. Ses racines sont aussi importantes que la nouvelle terre que nous lui avons offerte pour les ancrer. Nous n'oublierons jamais où cette petite graine a été semée.

Je pense régulièrement à la femme qui a vu s'épanouir en elle ce petit bout d'homme pendant neuf mois et qui l'a laissé à l'hôpital après l'accouchement. Timothée ne pourra jamais la retrouver, nous non plus. Nous n'avons aucune information sur elle. Elle a souhaité garder l'anonymat en donnant de faux nom et adresse. C'est d'ailleurs pour cela que le délai entre l'attribution de Timothée et notre départ pour le Vietnam a été plus court que prévu : il n'y avait personne de la famille que les autorités vietnamiennes pouvaient contacter. Cette femme a réalisé le plus bel acte d'amour que l'on puisse imaginer. Car je ne doute pas que seule la misère matérielle et morale – comme c'est le cas la plupart du temps dans les pays défavorisés – a motivé son geste : elle a voulu offrir à son bébé un avenir meilleur que celui qu'elle pouvait lui réserver. Nous lui en serons toujours reconnaissants, car Timothée est aujourd'hui un enfant heureux grâce à elle et à sa décision certainement douloureuse. Si seulement les femmes françaises pouvaient prendre conscience de cela plus souvent, il y aurait mois d'enfants perdus dans les labyrinthes de l'Aide sociale à l'enfance. Et comme ils se trompent, ceux qui pensent que nous avons accompli un acte généreux en adoptant ! Celle qui a fait preuve d'une générosité transcendante, c'est cette femme qui a décidé de confier le fruit de ses entrailles à d'autres parents. Nous, nous n'étions qu'un couple en mal d'enfant, prêt à franchir toutes les frontières pour aller en chercher un afin de combler notre manque, notre besoin d'aimer et de transmettre.

Maintenant que nous avions choisi son prénom, je pouvais enfin annoncer à la planète entière – mes amis et la famille – que nous étions parents d'un petit Timothée de quatorze mois, et que nous partions le chercher très bientôt. Je passai l'après-midi au téléphone ! Tout le monde était heureux pour nous. Mes parents étaient véritablement fous de bonheur. Leur premier petit-fils allait enfin arriver ! Eux avec qui, pendant cette si longue l'attente, je n'avais pas toujours été très tendre…

Mais ce jour-là, chacun a laissé exploser sa joie. Nous allions être à notre tour pleinement comblés !

L'orage laissait place à la lumière, à la douceur de vivre. C'était bon, résolument bon. Tout devenait permis, nous pouvions sortir de ce carcan qui nous enserrait depuis quatre ans.

Bien sûr, le stress se mêlait à la joie, mais en un doux cocktail d'émotions fortes, les tripes à l'envers, l'âme à la fois légère et perturbée. Nous allions devenir parents. Parents ! Papa et maman ! La chambre était tout juste prête et j'avais du mal à croire que dans un mois il y aurait un petit garçon dans ce lit. C'était génial ! Mes pieds ne touchaient plus le sol. J'étais dans un tel état d'euphorie que la Terre aurait pu exploser sans que je me rende compte que je n'étais plus vivante. J'étais en orbite, loin de tout.

*

* *

Dans les jours qui suivirent, je tentai de reprendre mes esprits pour ne rien oublier. Je fis un plein monumental de médicaments pour Timothée « au cas où », suivant à la lettre les listes publiées sur le forum des adoptants Médecins du Monde et fruit des expériences des précédents voyageurs. Il fallait tout prévoir : la gale, les vomissements, les diarrhées, le mal de dents, les infections en tout genre, les parasites, les moustiques, les vaporisateurs d'eau, les crèmes diverses et variées... Je m'en suis sortie pour une fortune à la pharmacie, pas loin de cent euros à ajouter à l'addition des frais annexes à l'adoption. Un vrai « principe de précaution ».

Comme on pouvait s'y attendre, sur place, je n'ai eu absolument besoin de rien. J'ai tout jeté il y a peu car les dates de péremption étaient dépassées.

Nous avons choisi de partir avec Air France. J'ai toujours eu une peur bleue en avion et je ne suis rassurée qu'avec cette compagnie. Il nous fallait un aller à deux et un retour à trois, dont un bébé. Air France propose des billets spéciaux pour l'adoption qui finalement ne sont pas toujours si avantageux que cela, mais nous ne voulions pas nous compliquer encore plus la tâche. Nous avons donc réservé un vol avec une escale à Bangkok. Soit environ quatorze heures de trajet. On nous promit de mettre un berceau pour le bébé à notre disposition pour le vol du retour. Cela nous rassura, même si nous ne connaissions pas du tout la taille de Timothée et ne savions pas s'il serait trop grand ou non pour y dormir.

Ce problème de taille, je l'ai évidemment rencontré quand il a fallu que j'achète des vêtements pour Timothée. J'ai dû prendre un peu de tous les âges entre six mois et deux ans, tant j'étais face à l'inconnu dans tous les sens du terme. Les autres adoptants nous avaient prévenus de nous méfier, car les enfants vietnamiens sont bien souvent des petites crevettes qu'il faut habiller avec une ou deux tailles en dessous de celles que portent les petits Français au même âge. Mais je me rassurai en pensant que nous pourrions toujours acheter des vêtements à bas prix au Vietnam si les nôtres ne convenaient pas.

Médicaments achetés, jouets emballés, vêtements vérifiés, papiers validés, billets d'avion réservés, famille prévenue, chambre prête, nous n'avions plus qu'à partir ! Mais qui allait nous emmener à l'aéroport ? Et qui allait venir nous chercher au retour ? Nous avions eu une petite préparation « psychologique » sur le sujet, où l'on nous avait conseillé de ne surtout pas prévoir de « grosse fiesta » de bienvenue à l'aéroport, comme on le voit trop souvent à la télévision ou au cinéma. Avec les ballons, les pancartes et tutti quanti ! Il fallait se mettre dans la tête de ce petit garçon qui allait arriver dans un monde totalement inconnu après avoir voyagé à bord d'un énorme engin pendant de si longues heures. Lui qui, jusqu'à quatorze mois, n'était jamais sorti de son orphelinat. Il s'agirait de ne pas l'effrayer dès le départ. Et puis, nous allions être en plein jet lag. Sans compter que nous ne savions pas si Timothée allait dormir pendant le vol ou nous faire vivre un enfer.

Cependant, les parents de Renaud, tout comme les miens, avaient envie d'être présents, et nous les comprenions. Eux aussi l'avaient attendu si longtemps, ce petit-fils du bout du monde. Ils l'aimaient déjà.

Nous avons donc décidé que les parents de Renaud nous amèneraient à Roissy et que les miens viendraient nous y rechercher. Au retour, mes beaux-parents nous attendraient à la maison et prépareraient le repas, car nous serions rentrés aux alentours de midi. Comme cela, tout le monde serait content et verrait Timothée le jour de son arrivée.

– 13 –

LE PREMIER JOUR DU RESTE DE NOTRE VIE

Cette fois, nous pouvions partir avec nos trois valises, car il y avait celle de Timothée ! Le 17 mai 2010, les parents de Renaud sont donc venus nous chercher pour nous conduire à l'aéroport. L'émotion était palpable. J'étais vêtue d'une salopette et d'un sweatshirt pour être très à l'aise pendant ce long voyage.

Voir notre vol annoncé à Roissy fut déjà un grand moment de « stress positif ». Et je n'ai pas pu m'empêcher de prendre le panneau d'affichage en photo ! « Paris (CDG) – Hô Chi Minh (HCM) : à l'heure ». Dans l'espace Duty Free, nous avons acheté deux bonnes bouteilles de champagne et un plateau de fromages pour fêter l'événement à bord puis à l'hôtel quand nous aurions enfin rencontré Timothée. Juste avant le décollage, j'ai pris du Lexomil pour oublier ma peur, et surtout dormir le plus possible et oublier le temps. Et ce fut comme toujours très efficace car, juste après notre petit apéro, j'ai plongé dans un profond sommeil jusqu'à Bangkok. Mais ce que nous n'avions pas prévu, c'est qu'à cette escale nous devrions repasser les barrières de sécurité. Et là, on nous a fait jeter notre seconde bouteille de champagne !

Madame Sang, la correspondante de Médecins du Monde, nous attendait à Hô Chi Minh. Elle allait être notre guide tout le long du séjour. Une super nanny en somme. C'était une Vietnamienne parlant parfaitement le français. Elle prit le taxi avec nous et nous accompagna à l'hôtel pour tout nous expliquer. Pendant le trajet, je fus frappée par le défilé incessant des Mobylettes en tout genre. Ce peuple était si différent du nôtre… Tous ces chapeaux pointus, ces fruits que les gens transportaient sur leurs épaules grâce à un balancier, ce n'était donc pas une image d'Épinal. J'avais l'impression d'être sur une autre planète. Je ne connaissais absolument rien de l'Asie, et encore moins du Vietnam. Avant d'atterrir, l'avion avait plongé sur toutes les rizières, c'était magnifique, mais la ville d'Hô Chi Minh, pour l'instant, ne me paraissait pas très belle. Une grande métropole surpeuplée. L'hôtel ne payait pas de mine non plus, mais ce serait amplement suffisant, car la chambre était assez grande pour que nous y logions à trois avec un lit bébé. Et les prix étaient très corrects.

Nous n'avions pas beaucoup de temps pour nous remettre de nos émotions et du décalage horaire : la rencontre à l'orphelinat aurait lieu le lendemain. Nous achèterions les couches et le lait sur le chemin du retour, Timothée dans nos bras.

*

*   *

Le matin du jour J, nous avons décidé de nous habiller tous les deux de la même façon, cela nous amusait. Nous étions comme des gamins. Nous portions un bermuda beige et un polo rose. Tout beaux, tout propres, tout béats, nous attendions madame Sang dans le hall de l'hôtel. Celle-ci fut ponctuelle, et nous avons sauté dans le taxi. Quel stress une fois de plus ! Dans quelques minutes, en une fraction de seconde, toute notre vie allait prendre une nouvelle direction, plus rien ne serait comme avant. Timothée allait-il nous rejeter comme cela arrive parfois, ou allait-il venir naturellement vers nous ? On nous avait prévenus que souvent les enfants adoptés se dirigeaient plus facilement vers le père que vers la mère au départ. Une attitude qui serait due au fait qu'à l'orphelinat ils sont élevés uniquement par des femmes et que les hommes représentent un peu l'inconnue de l'équation de leur vie au moment où nous débarquons dans la leur. Une inconnue qui les attire.

L'orphelinat de Go Vap, bien que situé à Hô Chi Minh, n'était pas tout près de notre hôtel, et le trajet me sembla interminable. J'imaginais à chaque ralentissement du taxi que c'était la rue d'après, le bâtiment que je voyais au loin… Je voulais déjà y être.

Le taxi s'engouffra dans ce qui semblait être une impasse, et stoppa net devant une bâtisse blanche avec un « garde-frontière ». Madame Sang annonça que nous étions arrivés. J'observai attentivement tout ce qui se trouvait autour de moi. Il y avait une aire de jeux au milieu d'une cour encadrée par des bâtiments qui communiquaient entre eux et étaient équipés de dortoirs emplis de lits à barreaux métalliques. Je vis passer quelques enfants lourdement handicapés, mais cela ne m'étonna guère car je savais que cet orphelinat était une structure très médicalisée. À ce moment précis, je ne pensais qu'à une chose : où était-il ?

Avant de rencontrer Timothée, nous devions aller voir la directrice. Nous l'avons attendue dans une petite pièce désuète, un emploi du temps scotché sur le mur, des tasses de thé sur la table basse et deux canapés en cuir noir. Je m'abstins de dire que je n'aimais pas le thé et fis mine au contraire d'apprécier le cadeau, car je savais que le cérémonial du thé était ici sacré. Il faisait chaud, lourd même. Heureusement, les pales du ventilateur tournaient à plein régime au-dessus de nos têtes. Le stress s'intensifiait. La directrice apparut, le sourire aux lèvres, et nous accueillit gentiment. Je me triturais les mains tant j'étais nerveuse, et notre conversation se perdit dans les brumes de ma mémoire.

Vint enfin la libération, nous pouvions aller rejoindre Timothée. En suivant madame Sang, je regardais à travers toutes les fenêtres. Il y avait tellement d'enfants ! La salle d'éveil pour les tout-petits m'impressionna : des dizaines de bébés étaient allongés par terre et se tortillaient comme des asticots. Une véritable fourmilière. Parmi eux se trouvaient les enfants d'autres adoptants passés, comme nous, par Médecins du Monde. J'avais d'ailleurs reçu la consigne de filmer une petite fille et un petit garçon pour leurs parents, à l'insu du personnel de l'association, évidemment ! Je savais ce que ce geste représentait pour ces parents depuis qu'Isabelle l'avait fait pour nous. Je leur enverrais à mon tour sans tarder les photos et les films, et je n'oublierais surtout pas de leur transmettre aussi des nouvelles des petits.

Dans certaines pièces évoluaient des enfants déformés, la tête enflée, le visage tordu… Il y avait également beaucoup de gamins qui étaient nés avec des malformations tout aussi handicapantes, sur le plan cardiaque par exemple, mais qui ne se voyaient pas forcément.

Madame Sang nous a montré le dortoir où avait vécu Timothée jusqu'à neuf mois. Un immense champ de lits en acier avec des bébés à perte de vue, ou presque… Des nounous étaient occupées à donner le biberon tandis que les enfants restés dans leur lit jouaient avec un hochet accroché au montant. Quelques-uns dormaient profondément, malgré le bruit que faisaient les autres. Je fus extrêmement surprise de voir que des bébés de quelques mois seulement prenaient leur biberon tout seuls, en s'aidant de leurs pieds quand un change ne faisait pas office de « stabilisateur de biberon ».

À l'étage, nous sommes entrés dans « le » dortoir. Celui des plus de neuf mois. Ce moment est encore si présent dans ma mémoire que je ne peux le raconter au passé.

Dans un coin, des nounous en blouse bleue nous attendent avec un grand sourire. L'une d'elles porte un tout petit bonhomme, l'air absent. Je le trouve minuscule : je n'aurais jamais pu imaginer qu'il puisse être si petit. À quatorze mois, il a la taille d'un bébé de six mois !

J'essaye de capter le regard de ce petit pruneau, il semble intéressé. Il ne pleure pas. J'ose à peine lui tendre les bras pour ne pas le braquer quand les nounous me le confient. Je le prends. Il est léger comme du coton. Je flaire sa peau miel de manière animale. Une femelle qui veut reconnaître son petit.

Il a une odeur inconnue qui entre en moi comme un shoot d'amour. Ses deux grandes billes noir de jais qui me regardent, ses bras qui m'enlacent avec une confiance aveugle comme s'il était avec moi depuis toujours… Je ne pleure pas. Je n'éprouve pas d'émotion particulière, je ne cherche pas à analyser quoi que ce soit, je vis cet instant fragile et précieux le cœur léger, soulagée. Je prends sa tête au creux d'une main, caresse sa peau douce et ses cheveux ébène de l'autre. C'est mon enfant. C'est la chair de mon âme. Il n'y a plus de doute.

– 14 –

PREMIERS JOURS ENSEMBLE AU BOUT DU MONDE

Renaud était extrêmement attendri et tentait aussi d'amadouer le petit. Je lui proposai de le prendre, mais il me demanda d'attendre encore un peu pour ne pas le brusquer. Timothée continuait de se blottir contre moi. Mais je sentais que je pouvais d'ores et déjà le confier à son papa, car notre petit oiseau n'était pas effrayé par notre présence. Bientôt, il tendit les bras vers mon mari. Et Renaud eut lui aussi droit à son premier gros câlin. Nous étions heureux.

Timothée portait des habits de l'orphelinat assez drolatiques. Nous étions dans le sud du Vietnam, il faisait une chaleur accablante, et lui était vêtu d'un pantalon en velours côtelé bleu nuit, d'une chemise à carreaux jaunes et bleus et d'épaisses chaussettes ! Sachant que tous les orphelinats ne laissaient pas les enfants partir avec leurs vêtements, nous avions apporté une tenue. Mais là, les nounous l'avaient habillé trop chaudement pour le climat du pays. Il portait une chemise de la marque Zara, sûrement un don d'une association humanitaire étrangère.

« Notre » fils toujours scotché dans les bras de Renaud, nous sommes partis terminer la visite et rencontrer les enfants des autres adoptants. Mais, surtout, nous voulions voir sœur Lucienne, qui avait préparé Timothée à notre arrivée en lui montrant régulièrement des photos de nous. Nous souhaitions la remercier profondément pour son engagement auprès de tous ces petits.

Elle nous est enfin apparue au détour d'un couloir. Rien n'aurait pu la distinguer des autres nourrices au niveau vestimentaire. C'était une femme au visage marqué par les rides, les cheveux longs et gris attachés en un chignon un peu brouillon. Mais je n'aurais pas pu dire son âge pour autant. Elle nous avoua qu'elle-même ne le connaissait pas, d'ailleurs ! Elle n'avait pas d'acte de naissance. Elle nous salua avec un sourire éminemment sympathique. Elle semblait vraiment heureuse de nous rencontrer. Elle voulut absolument nous emmener dans la salle de classe que fréquentait Timothée, nous montrer ses camarades, nous faire comprendre qu'ils avaient tous besoin d'aide et nous expliquer que tel ou tel enfant avait pu être opéré grâce à des dons. Elle était fière de tous « ses » enfants. Elle les chérissait de tout son cœur.

C'était une sœur au sens le plus noble du terme. Elle donnait sa vie pour les autres. Combien y a-t-il de sœurs Emmanuelle et de sœurs Teresa non reconnues ? Sœur Lucienne est de cette trempe-là.

Elle nous emmena voir Tam, le petit d'un couple qui ne passait pas par Médecins du Monde mais avec lequel nous étions en contact depuis longtemps. Il y avait eu un problème de papiers perdus dans leur dossier, ce qui avait retardé de plusieurs mois leur rencontre avec leur fils.

Tam regardait la photo de ses parents régulièrement mais désespérait de jamais les voir arriver. Il était un peu plus âgé que Timothée, il saisissait mieux la situation. Quand il nous a vus, il a hurlé. Ce petit bonhomme comprenait qu'un autre de ses copains allait partir alors que lui allait devoir attendre encore. J'ai décidé de le filmer malgré ses sanglots qui me déchiraient le cœur. J'ai aussi pris quelques photos. Je me disais que si cela avait été moi, j'aurais préféré le voir en pleurs que de ne pas le voir du tout.

Puis sœur Lucienne nous a accompagnés jusqu'à la petite fille que nous devions également photographier et filmer pour ses parents adoptifs. Elle a aussi pleuré quand nous sommes arrivés. Décidément !

Nous avons passé la matinée à l'orphelinat, examinant chaque recoin, filmant et photographiant le plus de choses possible, car ce serait les seuls témoins du passé de notre fils. Nous nous sommes à nouveau arrêtés dans la salle de classe des enfants, puis dans la salle de jeux. Nous avons discuté longuement avec sœur Lucienne, puis l'avons quittée pour aller à la pêche aux informations concernant Timothée. Lui demeurait impassible dans nos bras.

Nous avons terminé notre tour par son premier dortoir, celui où il avait vécu de la naissance à neuf mois. Les nounous nous ont presque sauté dessus ! Des étoiles dans les yeux, elles nous disaient que nous ressemblions à un couple de stars américaines et nous prenaient même en photo. La vraie situation improbable. Mais nous avons rapidement compris qu'elles n'avaient pas l'habitude de voir un couple d'Européens si jeunes débouler à l'orphelinat pour adopter un enfant. Nous avions vingt-huit et trente ans. C'est jeune pour des adoptants, la moyenne d'âge étant généralement plus élevée, plus proche de quarante ans que de trente. Les nounous avaient l'air ravies que Timothée soit avec nous. Et nous donc ! Après une dernière photo, direction le bureau de la directrice pour régler les ultimes formalités concernant l'orphelinat.

Et ce fut la quille ! Le taxi nous avait patiemment attendus. Il transportait désormais un passager de plus. Renaud et moi étions installés à l'arrière du véhicule climatisé, un petit Timothée fatigué dans les bras. Je lui ai donné un biberon d'eau, car il faisait chaud, et à peine quelques minutes plus tard il s'est endormi tout contre moi. Quelle saveur exquise que la chaleur de son petit corps contre le mien. J'avais tant rêvé ce moment ! Nous avons vécu une rencontre idéale. Quelle chance ! Moi qui appréhendais tant.

Madame Sang, assise à l'avant, exigea du conducteur un arrêt « couches et lait ». Elle savait exactement ce qu'il fallait et où aller, et tant mieux, car nous aurions eu bien du mal à nous débrouiller en vietnamien ! Renaud lui donna quelques dongs, et elle acheta le nécessaire pour nous dans une petite boutique ne payant pas de mine, puis nous avons repris le chemin de l'hôtel. Timothée dormait profondément, il ronflait, même !

Pendant que nous couchions notre fils, madame Sang nous expliqua clairement comment nous débrouiller avec la bouillie et le lait. Il ne fallait pas donner de petits pots au bébé, car il n'y était pas habitué. Et il fallait utiliser la bouilloire de notre chambre pour chauffer l'eau. Pour le reste, je me suis organisée : la table où trônait la télévision fut transformée en table à langer. Et la salle de bains fit aussi office de cuisine pour laver les biberons, la vaisselle…

Avant de partir, madame Sang avait soigneusement noté la répartition des repas de Timothée, un véritable emploi du temps ! J'avais l'impression que les enfants buvaient à longueur de journée. Le plus surprenant, c'était qu'à l'orphelinat on les réveillait même en plein milieu de la nuit pour leur faire ingurgiter de la bouillie. Ce qui n'était pas du tout prévu dans nos plans ! Nous nous sommes dit que, comme d'ici une dizaine de jours, le temps d'obtenir son visa, il serait en France, autant lui faire prendre tout de suite les « bonnes habitudes » de chez nous… et supprimer la bouillie. Nous avons décidé de lui en donner pendant encore un jour ou deux, puis nous passerions aux petits pots que nous avions apportés. Il les prendrait à température ambiante puisque nous n'avions rien pour les réchauffer.

*
* *

Quand Timothée s'est réveillé, madame Sang était partie. Nous nous sommes retrouvés pour notre premier « face-à-face à trois ». Drôle de situation. Nous étions plantés dans notre chambre avec ce petit garçon inconnu, qui nous dévisageait du même regard scrutateur que le nôtre à son égard. Je n'étais pas très à l'aise. Je ne savais pas trop comment devait se comporter une maman. Je le regardais et je me disais : « Et maintenant, on fait quoi ? »

Ce n'était pas comme si je venais d'accoucher, entourée de puéricultrices et de ma maman. J'étais au bout du monde, dans une chambre d'hôtel relativement sombre, avec un môme de quatorze mois dont je devais m'occuper entièrement alors que je n'avais jamais changé une couche de ma vie. Renaud en était au même point que moi. Alors nous avons fait ce que je sais faire de mieux : jouer. J'ai installé la couverture de notre lit par terre, puis j'ai étalé les petits jouets dessus. Timothée fut tout de suite réceptif et se mit à tâter tous les objets avec intérêt. Mais son jouet préféré, c'était la bouteille d'eau vide, qu'il ne lâchait plus.

Notre fils était adorable. Nous n'aurions pu rêver de moments plus agréables. Il était tout minus, tout maigrichon, tout léger : il pesait à peine un peu plus de sept kilos. Timothée ne savait pas se mettre debout tout seul et demeurait silencieux. Nous constations le manque de stimulation musculaire à l'orphelinat. Néanmoins, lorsque nous le mettions droit dans ses bottes, il arrivait à tenir debout et risquait quelques pas si l'on tenait ses petits doigts.

Après avoir joué un long moment, nous avons éteint les lumières, tiré les rideaux, et l'avons couché dans le lit à barreaux placé entre nos deux lits simples. Renaud et moi ne dormions pas ensemble pour entourer au mieux notre moineau. Il s'est endormi très vite, et nous aussi. Le plein d'émotions, le décalage horaire, la chaleur et toutes ces nouveautés dans notre vie avaient eu raison de nous.

Quelques ronflements plus tard, le petit oiseau a gazouillé doucement. Je l'ai pris et serré contre moi. Cela aurait pu durer une éternité. Dès lors, je savais que cette sensation de bien-être que procurait un enfant chaleureusement installé au creux d'une épaule serait ma drogue douce. Mais ensuite, que devions-nous faire ? Lire les instructions de madame Sang ! Apparemment, il était temps de lui préparer un biberon de lait déshydraté et sa bouillie. Je m'attendais à lui donner le biberon, mais le petit bonhomme avait ses habitudes, celles du système D des enfants élevés à l'orphelinat : il savait boire son biberon tout seul, évidemment, mais il le rattrapait avec les pieds quand il glissait ! Il y avait tellement d'enfants dans son dortoir que nous imaginions sans peine que, si tous voulaient boire leur lait, ils devaient se débrouiller comme ils pouvaient. Timothée avait quatorze mois, la mobilité et la taille d'un enfant beaucoup plus petit, mais il était d'une agilité exceptionnelle avec ses pieds et ses mains pour son âge.

Puis nous lui avons préparé sa bouillie, et monsieur a tout avalé.

*

*   *

Le lendemain matin, Renaud partit avec madame Sang pour des démarches administratives auprès des autorités vietnamiennes, et je me retrouvai seule avec notre pruneau. Premier vrai face-à-face. Et je n'étais pas près de l'oublier ! À peine son père avait-il quitté la chambre que Timothée se mit à pleurer à chaudes larmes. Je lui découvris alors un tout autre visage. Il grimaçait tellement que c'en était drôle. Sa bouche formait un U à l'envers si marqué qu'un personnage de dessin animé n'aurait pas fait mieux. Mon petit animal faisait sa première crise.

Au bout d'une heure de pleurs sans que je sois arrivée à le calmer, je commençais à désespérer. Réalisait-il qu'il n'était plus à l'orphelinat ? Était-il en perte de repères ? Au bout de deux heures, j'envoyai un SMS à Renaud. Je paniquais un peu. J'étais moi aussi en perte de repères et je réalisais le poids de ma nouvelle responsabilité de maman. Finalement, nous étions peut-être deux êtres perdus essayant de trouver le chemin l'un vers l'autre.

J'ai rarement autant philosophé que pendant ces deux heures ! Et pourtant, la réponse à mes questions était ailleurs. Il avait tout simplement faim ! Et aussi besoin qu'on change sa couche, accessoirement… Une gamine de dix ans y aurait pensé. Mais pas moi.

Une fois le bonhomme tout propre et rassasié, les pleurs cessèrent immédiatement, et son sourire illumina de nouveau son visage. Je n'étais pas très fière de moi et préférais en rire, mais j'avais vraiment eu tout faux. Enfin, j'avais quand même réglé le problème seule, l'honneur était sauf, ou presque !

Quand Renaud est revenu, nous sommes allés tous les trois faire une promenade autour de l'hôtel. Mais nous avions négligé un détail : Timothée n'était jamais sorti de l'orphelinat climatisé. Conséquence : Il ne supportait ni la chaleur ni la lumière du soleil ! Il hurlait si un rayon passait devant ses yeux, il suait à grosses gouttes. Nous avons voulu le faire marcher dans la pelouse pieds nus : mission impossible. Il recroquevillait ses orteils et ses pieds pour ne pas toucher l'herbe.

Évidemment, tout était découverte pour lui. Il allait falloir que nous gardions bien cela en tête et que nous considérions qu'il était comme un nouveau-né et ne connaissait rien. À cette différence près, et elle était de taille, qu'un nouveau-né appréhendait le monde progressivement, alors que Timothée allait devoir suivre une formation très accélérée et emmagasiner un maximum d'informations en un minimum de temps. Il fallait en permanence se mettre dans sa tête. Il sortait d'un univers « aseptisé », et n'avait jamais vu à quoi ressemblait l'extérieur. Tout l'agressait. Je comprenais d'autant mieux ce qu'il pouvait ressentir que je l'avais vécu à chaque sortie de chambre stérile pendant le traitement de ma leucémie. Je trouvais que tout le monde puait, je redécouvrais la beauté de la nature, mais j'étais agressée par des bruits trop forts, par la vitesse à laquelle tout allait…

Concernant le bruit, pour Timothée, ce devait être encore pire, car à Hô Chi Minh, la ville de la Mobylette, cela vrombit de partout. Traverser une rue est une aventure des plus dangereuses. Le flux de circulation est continu, il faut avancer en priant pour passer de l'autre côté d'une rue. Nous avions reçu le conseil de marcher doucement mais sûrement pour ne pas nous faire écrabouiller. Et nous devions tenter le coup car il fallait que nous achetions des petits pots dans un magasin situé de l'autre côté de la rue. Je portais Timothée dans une écharpe rouge, tout serré contre moi. Circuler en poussette n'était pas possible, tant les trottoirs étaient défoncés. Il crevait de chaud, le pauvre.

Nos petites affaires faites, nous sommes vite rentrés à l'hôtel nous rafraîchir, en bénissant la climatisation. Il était tard, il fallait faire dîner Timothée, le coucher… et enfin trouver le temps et le moyen de nous restaurer nous-mêmes ! Une fois l'asticot au lit, il devenait évidemment impossible de quitter la chambre. Mais le restaurant de l'hôtel disposait d'un room-service. Nous étions sauvés ! Ce jour-là et les suivants, nous avons commandé nos plats au hasard car nous ne comprenions ni le vietnamien ni l'anglais parlé par les Vietnamiens. Nous avons ainsi goûté un certain nombre de plats du cru… avec de bonnes comme de mauvaises surprises. Et nous ne rechignions pas devant quelques pâtes à la bolognaise quand l'occasion se présentait, pour ne pas être trop dépaysés. Globalement, nous avons quand même trouvé la cuisine vietnamienne vraiment savoureuse.

*
* *

Il fallait que nous retournions à l'orphelinat de Go Vap pour aller donner les cadeaux de rigueur aux nounous. Ce n'était pas une véritable obligation, mais on nous l'avait tellement recommandé que c'était tout comme. Médecins du Monde avait insisté là-dessus ainsi que sur la « possibilité » d'offrir des bouteilles d'alcool à un responsable vietnamien qui les aidait sur place. Nous avions trouvé un grand magasin dans le centre-ville de Hô Chi Minh qui vendait de l'alcool et des cosmétiques de marque française. C'était exactement ce qu'il nous fallait pour faire croire que le tout avait voyagé dans nos valises depuis Paris.

Le taxi et madame Sang nous attendaient devant l'hôtel. Et c'était reparti pour l'aventure dans les rues de cette ville-fourmilière. Mieux valait ne pas regarder la route et les croisements approximatifs entre voitures et Mobylettes.

À Go Vap, nous sommes directement montés à l'étage des anciens dortoirs de Timothée. Les nounous étaient ravies de le revoir. Les plus attachées à lui ont voulu le prendre dans leurs bras, mais que nenni. Timothée ne voulait plus rien avoir à faire ici. Il s'accrochait à son père de toutes ses forces. Nous avons voulu le poser sur le sol de la salle de jeux pour qu'il s'amuse avec ses petits copains de toujours. Impossible. Ce petit-là semblait avoir compris que sa vie était ailleurs désormais.

Timothée est un émotif pur, il vit de l'attention qu'on lui porte et de l'amour qu'on lui témoigne. Il a clairement été en carence d'affection dans cet orphelinat. D'autres enfants, selon leur caractère, ressentent les choses complètement différemment. Mais lui l'a mal vécu, c'est une certitude. Ce n'est pas la faute des nourrices mais plutôt celle du manque de nourrices. Les pauvres font tout ce qu'elles peuvent pour les enfants, et j'imagine qu'elles voudraient être capables d'accorder autant d'attention à chacun d'eux, mais c'est techniquement impossible : elles n'ont pas dix bras, dix yeux et des milliers de bouches pour faire des bisous.

Nous avons côtoyé des enfants qui n'avaient pas l'air malheureux. Après tout, comment peut-on ressentir le manque d'affection quand on ne sait pas ce qu'est l'affection ? Eh bien si, on peut, car c'est un besoin instinctif, qui se manifeste plus ou moins vivement selon les êtres. Timothée faisait partie de ceux qui manquaient d'affection sans le savoir, c'était inscrit dans ses gènes. Ce gamin n'aurait pas survécu sans plus de câlins. D'autres ont envie de parents mais ne mesurent pas vraiment ce que c'est quand ils sont petits. C'est en grandissant que tout se gâte. Plus les années passent, plus ils voient d'autres enfants partir avec un papa, une maman, un frère, une sœur, et fatalement plus ils comprennent… Et puis tout dépend des orphelinats et des pays. L'orphelinat peut être un lieu épanouissant ne rimant pas avec tristesse pour un enfant alors que son voisin de couche le vivra tout autrement. Encore une fois, on ne peut comparer deux enfants ni deux situations, et encore moins deux adoptions.

Timothée n'étant pas très coopératif, nous ne sommes pas restés très longtemps. Nous avons déposé notre petit lot de cadeaux aux nounous, qui ne les ont pas ouverts. Mais cela ne nous a pas choqués car nous savions que c'était la coutume et qu'il était incorrect, ici, d'ouvrir un cadeau devant quelqu'un. Puis nous avons discuté de nouveau longuement avec sœur Lucienne. Cette femme faisait décidément toute mon admiration. Passionnante. Elle avait appris le français enfant pendant la colonisation et avait pas mal baroudé avant d'arriver à Go Vap et d'y vouer le reste de son existence. Dans ce lieu, elle était évidemment bénévole et tout juste tolérée. Nous devions être discrets. Je ne me souviens plus vraiment pourquoi. Elle nous a raconté que tous les dons en argent qu'elle recevait repartaient directement pour aider quelqu'un. Elle ne vivait de rien d'autre que de ce que sa communauté lui donnait.

Elle n'avait qu'un besoin : aider son prochain. On m'avait néanmoins informée que sa denture la faisait beaucoup souffrir et que seul le dentiste pourrait la soulager. Je lui ai donc proposé de lui donner de quoi payer la consultation et les soins, mais elle m'a répondu : « J'accepte cet argent, mais ce sera pour une femme qui en a plus besoin que moi, car elle souffre du dos. » On ne pouvait pas soigner sœur Lucienne. C'était elle qui soignait les autres.

*

* *

De jour en jour, notre fils et nous nous apprivoisions avec une facilité déconcertante. Timothée dormait bien, mangeait à la vitesse de l'éclair, souriait, pleurait un peu, mais comme tous les enfants. Tout allait pour le mieux. Nous ne prenions pas le temps de visiter la ville. Nous préférions consacrer toutes nos journées à ce petit, qui détestait que l'on sorte de l'hôtel à cause de la chaleur.

Mais nous sommes quand même passés outre de temps en temps. Pour l'emmener par exemple dans un grand parc ou nous balader en ville.

Un jour, nous avons eu envie d'aller déjeuner dans le plus vieil hôtel de luxe de la ville, dont les guides touristiques vantaient la terrasse panoramique.

Timothée ne tenant pas dans sa poussette, nous avons failli nous résigner à repartir sans avoir mangé. C'était sans compter sur une petite troupe de serveuses qui, sans rien demander, ont pris Timothée pour s'en occuper pendant notre repas. Bonheur ! Enfin un moment de tranquillité à table pour discuter un peu entre « adultes ». Une petite bulle d'oxygène après toutes ces émotions. Il fallait voir comment Timothée était traité : un prince d'Asie ! Elles l'avaient installé confortablement en réunissant deux fauteuils devenus berceau de fortune. L'une d'entre elles le faisait boire pendant qu'une autre l'éventait avec le menu du jour. Et nous, nous dégustions tranquillement notre déjeuner avec un petit verre de vin. Nous étions tellement heureux que nous avons demandé à visiter les chambres de l'hôtel afin de changer d'établissement.

Le surlendemain, nous y emménagions pour les trois derniers jours avant le retour en France.

Être dans le centre-ville se révéla très pratique pour changer les billets d'avion, puisque nous avions obtenu les papiers de Timothée plus tôt que prévu. De plus, nous étions juste en face d'un grand centre commercial très bien approvisionné.

Il fallait déjà penser au retour et, avant de partir, nous souhaitions inviter madame Sang et sœur Lucienne au restaurant pour les remercier. L'avant-veille du départ, nous les avons donc conviées au restaurant de l'hôtel. Madame Sang a choisi le menu et nous a fait découvrir des plats délicieux.

Au moments des au revoir, sœur Lucienne nous a remis une carte pour Timothée avec des inscriptions religieuses. Puis elle s'est tournée vers notre fils, telle une bonne fée (bleue) se penchant au-dessus du berceau, et lui a dit droit dans les yeux : « Timothée, tu es vietnamien, tu seras gentil mais tu auras du caractère. »

Je n'oublierai jamais cette phrase, qui sonnait pour moi comme un code de conduite pour la vie, car elle résume très bien notre fils. Il est d'une gentillesse infinie mais ne se laisse jamais marcher sur les pieds. Les Vietnamiens m'ont d'ailleurs donné cette impression. C'est un peuple très souriant, mais il ne faut pas trop les titiller car ils sont susceptibles, et très malins quand il s'agit de se défendre.

La veille du départ, le 30 mai, je fis la sieste en même temps que Timothée, comme j'en avais pris l'habitude. Quand j'ouvris les yeux, Timothée était assis sur le lit, à côté d'un bouquet de fleurs. C'était la fête des mères ! Cette fête qui m'avait tant fait pleurer l'année précédente…

Lors d'une réunion de famille qui tombait ce jour-là, au moment de l'apéritif, tous les enfants avaient défilé les uns après les autres pour remettre une rose à leur maman. Nous étions les seuls, quel mot utiliser… les seuls stériles ? Non, c'est moche. Les seuls quoi ? Veufs-orphelins d'un enfant que nous attendions ? Les seuls non-apparentés ? Il n'y avait pas de terme pour définir ce que nous étions mais, en tout cas, nous avions vraiment pris un grand coup de couteau dans notre plaie déjà ouverte. Nous avons fui rapidement pour déprimer en paix. Dès lors, nous éviterions toutes les autres fêtes de famille quelles qu'elles soient, s'il y avait des enfants.

Alors quand j'ai vu ces fleurs sur la couverture et compris que mon mari s'était rendu en secret dans Hô Chi Minh pour les acheter afin que mon fils me les offre, j'ai été vraiment très touchée. Je ne pouvais que trouver là l'aboutissement de tant d'efforts pour accéder à la maternité, même si j'avais encore du mal à me considérer comme une maman à part entière. Tout ce bonheur qui alignait ces petits instants de magie chaque jour me réconfortait. L'attente avait été une longue complainte, mais cette rencontre en valait la peine !

Et puis il a fallu partir, faire les valises, flipper un peu à l'idée de la quinzaine d'heures de vol avec Timothée, préparer ses repas, ses couches et tout le nécessaire. Nous n'étions pas sûrs de bénéficier d'un berceau dans l'avion, même si on nous l'avait promis, car il n'y en avait pas pour tout le monde. Je n'osais pas imaginer que nous devrions peut-être le garder sur nos genoux pendant tout le trajet !

Mais finalement tout se passa très bien. Nous avons découvert un truc génial : quand on voyage avec un enfant, le personnel est aux petits soins.

On nous fait passer devant tout le monde partout, on grimpe dans l'avion avant les autres, et pendant l'escale, on peut rester dans l'appareil… Un monde VIP : Very Important Parents !

Une gamine a pleuré pendant une heure avant de trouver le sommeil, mais ensuite tous les enfants ont profondément dormi jusqu'à l'arrivée, et Timothée avait son petit berceau. Moi, j'avais pris ma dose de Lexomil, comme d'habitude… Renaud ne dormait pas, il pouvait donc veiller sur notre « précieux ».

*

* *

Mes parents attendaient, émus, derrière la vitre de la salle où l'on devait récupérer les bagages, armés de leurs Smartphones pour filmer et faire le plein de photos souvenirs. Ils nous ont fait signe dès qu'ils nous ont aperçus en haut des escaliers mécaniques. J'avais hâte qu'ils voient de près notre merveille du monde. Je tenais les mains de Timothée pour qu'il fasse quelques pas vers eux derrière les vitres. Il n'était pas du tout apeuré. Maman avait apporté des petites figurines du film *Némo* pour attirer son regard. Mon père était au bord des larmes et se cachait un peu derrière son téléphone, tout en nous filmant.

Nous étions chargés à bloc, entre les valises et tous les souvenirs rapportés du Vietnam pour la famille. Il faut dire que nous n'avions pas choisi les plus discrets des présents, ni les moins encombrants : nous avions fait le plein de chapeaux pointus vietnamiens. De vrais touristes !

Nous avons néanmoins réussi à tout caser dans la voiture et avons filé vers Saint-Quentin, où nous attendaient mes beaux-parents. Timothée a hurlé pendant tout le trajet. Un siège auto, c'était un peu bizarre. Être attaché comme ça pour un enfant qui n'était pas passé par l'étape du cosy, c'était plutôt violent. Mais avait-il remarqué au moins que la température avait diminué de moitié ? Il aurait dû être soulagé de ne plus souffrir de la chaleur. « Ah, ces enfants, jamais contents ! »

Nous étions heureux de rentrer au bercail, quoiqu'un peu déboussolés. Ma belle-mère avait préparé un délicieux plat en sauce qui embaumait la maison et l'émotion était à son comble chez les quatre grands-parents. Tout comme nous dix jours auparavant, ils découvraient un enfant beaucoup plus petit et frêle qu'ils ne l'avaient imaginé. Timothée allait facilement de bras en bras et faisait l'admiration de tous. Nous avons passé un très bon moment. Puis nos parents se sont effacés...

– 15 –

RETOUR AU BERCAIL

C'est au moment précis où nous nous sommes retrouvés seuls tous les trois à la maison que j'ai réalisé pleinement que notre existence allait changer du tout au tout. Renaud et moi allions devoir balayer toutes les habitudes prises pendant ces treize années sans enfant. J'en étais donc à ma quatrième vie. Il y avait eu l'avant Renaud, puis l'avec Renaud, puis la leucémie, et enfin l'arrivée de Timothée. Et chaque fois, mon quotidien avait été différent.

Mais l'arrivée de Timothée a représenté un véritable bouleversement : nouvelles responsabilités, nouveaux rythmes, nouvelles tâches… Je me noyais dans une goutte d'eau. J'ai mis des mois et des mois à m'en sortir. Je partais vraiment du niveau zéro en maîtrise de nurserie. J'ai appris au bout de deux mois que je mettais mal les couches de Timothée depuis le début, c'est dire le niveau ! Je ne lui donnais que des petits pots de peur de lui préparer des plats mal adaptés à son âge.

Afin de créer un cocon autour de notre fils, sur les conseils de Médecins du Monde, nous n'avons pas vu beaucoup de gens pendant de longs mois – et seulement à dose homéopathique.

Ce n'est que lorsque nous avons senti que Timothée était prêt à découvrir le monde que nous avons petit à petit détendu l'élastique et ouvert à nouveau nos portes.

Nous étions heureux car notre fils s'était vraiment très bien adapté à son nouvel univers, même s'il ne parlait pas encore. Il voulait en permanence être dans les bras, n'importe quels bras. Monsieur ne daignait pas non plus marcher, et il se servait de ce subterfuge pour se déplacer d'un endroit à un autre en montrant du doigt l'endroit où il souhaitait se rendre. Son porteur obéissait toujours, l'air attendri. Mais je voyais clair dans le jeu de mon petit singe malicieux, il jouait là sa carte paresse. Ce qui était quand même un peu ennuyeux, c'est qu'il faisait des gros câlins à n'importe qui. Je me demandais parfois s'il faisait une grande différence entre ses parents et « les autres ». Nous étions ses référents, il n'y avait aucun doute, mais représentions-nous plus que cela ? Intégrait-il qu'il avait pris perpétuité avec nous ou pensait-il encore que nous pourrions sortir de sa vie du jour au lendemain ? Toute la complexité de cette période dite « d'attachement » est là, sentir le moment où cette merveilleuse greffe a pris.

Pendant la période cocooning à trois, il y eut cependant une exception à la règle : le mariage civil de très proches amis tombait quinze jours après notre retour d'Hô Chi Minh, et il était hors de question pour nous de ne pas y assister. Il allait falloir que Timothée nage dans le grand bain précocement. Mais nous ne croyions pas si bien dire…

Notre ami Sébastien nous avait réservé une chambre d'hôtes juste à côté de chez ses parents, où se déroulait la réception. C'était en pleine campagne normande, un endroit très joli avec ses vaches made in là-bas. La maison des parents était bordée d'une petite rivière d'eau claire qu'enjambait un pont de bois construit par le père de Sébastien. J'adorais cet endroit. Et je n'étais pas la seule, car, entre deux coupes de champagne au jardin, l'un de nos copains invita toute la bande à poser pour une photo sur le petit pont avec les enfants.

J'étais au premier rang, avec Timothée dans les bras, tout beau dans des vêtements achetés pour l'occasion. Et peu à peu le pont fut entièrement « squatté » par toute la bande désireuse de passer à la postérité. Nous étions très nombreux sur ce pont, très remuants aussi. On entendait des bruits de craquèlement, mais personne ne s'en est inquiété, on nous a juste demandé de nous calmer et de ne pas trop bouger. Pour la photo.

Mais brusquement, le pont a craqué et s'est effondré. Nous nous sommes tous retrouvés à l'eau.

Quand je me suis redressée, Timothée n'était plus dans mes bras. J'avais dû le lâcher pendant la chute. Tout s'était passé si vite. J'ai crié : « Timothée, je n'ai plus Timothée ! » Il ne réapparaissait pas alors que tout le monde était debout dans l'eau et le cherchait. Je hurlais. Soudain je vis remonter un petit corps inerte, les yeux grands ouverts. J'ai cru qu'il était mort. Dès que je l'ai sorti de l'eau, il s'est mit à pleurer. Je n'aurais jamais imaginé qu'un pleur puisse me faire autant de bien.

J'ai eu ce jour-là la peur de ma vie. Tout s'est joué en une poignée de secondes, mais dans mon souvenir cela dura une éternité. J'étais incapable de prononcer un seul mot. J'ai pris mon fils aussi trempé que moi dans mes bras, je l'ai serré très fort et l'ai vite ramené dans notre chambre pour tenter de le réchauffer. Il pleurait toujours à gros sanglots. Quel traumatisme pour nous trois ! Cela faisait deux semaines qu'il était avec nous et nous avions failli le perdre.

Il a fallu de longues minutes avant que Timothée cesse enfin de trembler. Et j'avoue que moi aussi j'ai eu du mal à me calmer. Je n'ai rejoint la réception que lorsque j'ai été certaine que mon fils était bien réchauffé et profondément endormi. Bien sûr, je n'ai pas vraiment profité de la fête tant j'étais sous le choc.

Pauvres Céline et Sébastien, les mariés ! Ils se seraient bien passés de cet événement qui a un peu traumatisé tout le monde. Mais la fête a continué, malgré les bleus des uns et des autres.

Quand je repense à ce qui s'est passé, je n'arrive même pas à me remémorer totalement la scène tellement cela m'effraie.

*

* *

Timothée était avec nous depuis quelques mois déjà, mais les démarches administratives concernant son adoption n'étaient pas terminées pour autant. Il fallait que nous passions au tribunal de grande instance d'Amiens pour que notre fils obtienne la nationalité et un certificat de naissance français, et qu'il soit inscrit dans notre livret de famille. Il fallait tout simplement que la France reconnaisse la légalité de l'adoption de Timothée.

À ce moment-là, en effet, même s'il vivait en France avec nous et que nous avions tous les documents vietnamiens prouvant son adoption, Timothée n'avait pour seul papier d'identité qu'un passeport vietnamien et un visa français expirant un an après ses premiers pas en France. Nous l'appelions Timothée mais légalement il portait uniquement ses nom et prénom vietnamiens. Concrètement, sur les papiers de la Sécurité sociale, par exemple, c'était son nom d'origine qui apparaissait. Un casse-tête pour les médecins, qui devaient l'appeler Timothée mais qui ne voyaient pas ce prénom apparaître à l'écran.

En septembre 2010, nous l'avons inscrit à la halte-garderie pour qu'il rencontre d'autres enfants de son âge, qu'il se « sociabilise » un peu plus.

J'avais arrêté de travailler avant notre départ pour le Vietnam. Je voulais m'occuper de mon fils. Il avait besoin de ma présence. Je le mettais juste un jour ou deux par semaine à la garderie. C'était important pour lui, mais ça l'était aussi pour moi : cela me permettait de souffler un peu. Et sans culpabiliser, en plus, car les assistantes maternelles étaient très sympathiques. À chaque fois que je venais le chercher, je le retrouvais accroché aux bras de l'une ou l'autre d'entre elles.

Cependant, si Timothée s'était bien adapté au rythme de ses journées, concernant le sommeil, c'était un peu plus compliqué. Nous le couchions dans son lit à barreaux mais ne savions jamais à l'avance où nous le retrouverions quand nous irions vérifier s'il dormait. Quand nous débarquions dans sa chambre, deux heures après le coucher, il n'était pas rare qu'il soit endormi sur la moquette près de sa porte, de son étagère ou d'un coffre à jouets. Nous le recouchions sans trop nous inquiéter, nous savions que des situations de ce genre pouvaient arriver après une adoption.

Il se produisit aussi pendant quelque temps une sorte d'« événement paranormal ». Il dormait profondément lorsque nous allions nous coucher, mais le matin, sa chambre était toujours sens dessus dessous. Nous le soupçonnions d'avoir une vie parallèle la nuit !

Timothée était vraiment tout petit pour son âge, mais il savait sortir de son lit à barreaux grâce à une souplesse hors du commun. Il parvenait à faire le grand écart debout, à agripper le haut du lit avec ses orteils, puis à se hisser au-dessus des barreaux pour sortir. Toutes les bêtises devenaient alors accessibles : toucher aux prises de courant de sa veilleuse et des lampes, faire tomber tous les livres de sa bibliothèque et se blesser, grimper sur les étagères, allumer le plafonnier…

Une amie nous a offert une tente pour bébé qu'il ne pourrait pas ouvrir. Mais au moment où cette tente est arrivée, nous n'avons même pas pu la tester : Timothée ne sortait plus de son lit. Nous avions haussé le ton et lui avions expliqué qu'il n'avait pas le droit de sortir. Et il avait obtempéré. Il était tellement obéissant que c'en devenait déconcertant. Certains me disaient même que ce n'était pas normal !

Je suis une maman assez autoritaire, je ne « lâche » rien. Je ne cède jamais quand il s'agit de respect ou de politesse et surtout, surtout, face à un caprice. Je redouble alors de vigilance. Il m'est arrivé de mettre Timothée au coin dans une épicerie à cause de cela, avec la complicité du commerçant, qui faisait les gros yeux.

Timothée était certes de nature très docile, mais dès ses premiers jours en France, j'ai fait preuve de fermeté. Je savais que si je laissais une porte entrebâillée lui laissant entrevoir une faille, il serait assez malin pour s'y engouffrer tout de suite. Vu le nombre de câlins et de bisous que je lui faisais chaque jour, il savait bien que je l'aimais passionnément. Et moi je savais que fixer des limites, bâtir un cadre, était rassurant pour un enfant.

Pendant que j'attendais Timothée, j'ai bien acheté le traditionnel bouquin de Laurence Pernod *J'élève mon enfant*. Mais il a pris la poussière dans un coin de la maison. Je ne l'ai jamais ouvert.

En matière d'éducation, je me fie à mon instinct, j'agis au « feeling ». Forcément, je fais des erreurs, je tâtonne, comme tout le monde, mais je suis ainsi. Pendant ma leucémie, je n'ai pas non plus eu envie de lire les témoignages d'autres malades pour savoir comment il fallait combattre le cancer. Je me battais avec mon inné, mon acquis et les armes que mes parents m'avaient fournies, leur amour, leurs valeurs.

J'ai toujours un petit côté rebelle dont je ne parviens pas à me débarrasser avec les années. Je fais tout « à ma sauce ». Même en cuisine, je suis bien incapable de suivre une recette à la lettre !

Alors c'est ainsi que j'ai agi avec Timothée dès le début. Et il n'avait pas l'air malheureux, au contraire.

Nous devenions fusionnels. J'aurais voulu être une maman kangourou et le porter avec moi tout le temps.

Puis vint le moment tant attendu, cet événement que nous redoutions chaque année pendant l'attente : Noël. Habitués à faire des cadeaux à nos nièces et à les gâter comme nous aurions comblé notre enfant s'il avait été là, nous pouvions enfin nous réjouir de choisir quelques jouets pour notre fils. Nous aurions voulu lui offrir le magasin de jouets tout entier pour le voir sourire encore et encore à chaque paquet qu'il ouvrirait. Nous avons bien sûr été raisonnables, mais pas le reste de ma famille ! Le jour du Noël familial, Timothée étant le premier et encore le seul petit-enfant, tout le monde s'est lâché, et la moitié du sapin était cachée derrière la montagne de paquets ! Tous les Noël qui crèvent le cœur de ceux qui attendent en vain des enfants, tous ces Noël ayant un goût d'amertume, tous ces moments furent oubliés à l'instant même où la magie de voir notre garçon s'émerveiller devant les lumières nous enchanta.

*

* *

Au printemps 2011, nous avons obtenu le jugement français sans problème, contrairement à d'autres parents adoptifs croisés dans la salle des pas perdus. Beaucoup s'étaient déplacés avec leurs avocats, car le procureur avait donné un avis défavorable à l'adoption plénière. C'était l'époque du séisme en Haïti, et les parents adoptifs avaient récupéré là-bas leurs enfants en urgence. Alors tous les juges n'acceptaient pas de valider l'adoption plénière, soit parce qu'il manquait au dossier des documents importants, soit parce que les magistrats doutaient du consentement éclairé du ou des parents biologiques. Et ils ne prononçaient qu'une adoption simple.

Ces couples étaient effondrés, car seule l'adoption plénière confère à l'enfant adopté exactement les mêmes droits que ceux d'un enfant biologique. L'adoption est alors irrévocable : l'enfant est considéré légalement comme l'enfant biologique des adoptants. Alors que dans le cas d'une adoption simple, l'enfant a « presque » les mêmes droits. Les principales différences qu'annonce ce « presque » sont que l'enfant conserve légalement tous ses liens avec sa famille d'origine (y compris les droits héréditaires), que son adoption est révocable pour motif grave et que ses grands-parents adoptifs peuvent le déshériter. De plus, ce qui est embêtant, c'est que la nationalité française ne lui est pas accordée automatiquement, il faut la demander.

Par bonheur, nous avons bien obtenu l'adoption plénière, mais nous avons quand même stressé jusqu'au bout.

Le jugement français en poche, nous n'avions plus qu'à poursuivre les démarches pour demander un passeport français avec ses nouveaux nom et prénoms. On aurait pu croire qu'au bout d'un an de présence sur le sol français pour notre fils, et de quatre ans et demi de « galères » pour nous, nous aurions enfin droit à la paix et à la tranquillité. C'était compter sans la Sécurité sociale, qui a mis un temps fou à changer le nom d'origine et le prénom de Timothée.

Optimistes, nous avions à la même époque organisé le baptême. Tout était prêt : la réception était commandée, les dragées étaient mises en boîte, les invités avaient réservé leur date depuis longtemps… Mais ce que nous n'avions pas prévu du tout, c'était que, comme nous n'avions pas encore les papiers français de Timothée, le prêtre refuserait tout net de le baptiser avec ses nom et prénom français : ce serait avec son nom vietnamien ou rien. Il n'en était pas question. Nous n'avons pas annulé la réception et nous avons fêté son non-baptême !

Tous ces retards ont fait que, dès que les fameux papiers français de Timothée ont été en notre possession, nous avons immédiatement enclenché la procédure pour obtenir un nouvel agrément afin d'adopter un second enfant. Celui-ci fut validé en février 2011, après les neuf mois de rigueur.

Il s'agissait pour nous de gagner un temps précieux en franchissant cette étape sans tarder. Néanmoins nous n'avons pas décidé de nous relancer dans l'adoption internationale dans la foulée pour autant. Timothée était encore très jeune et avec nous depuis moins d'un an, et pour ma part je n'avais pas encore le courage de monter un nouveau dossier, avec toutes les démarches aussi épuisantes que stressantes que cela impliquait.

*
* *

En septembre 2011, soit un an et quatre mois après l'arrivée en France de Timothée, nous avons décidé de l'inscrire à l'école, en toute petite section. Il avait presque deux ans et demi. Ce fut l'occasion d'un débat entre Renaud et moi : grande ou petite structure ? J'étais plutôt favorable au « bain de foule » dans un établissement assez important, où notre fils évoluerait dans la diversité ethnique. Renaud était au contraire enclin à l'inscrire dans une toute petite école privée, « à taille humaine ». Comme il fallait bien trancher, nous avons opté pour la proposition de Renaud en maternelle, mais pour le CP, si je le souhaitais toujours, Timothée passerait dans le plus grand établissement de la ville.

Le matin de la rentrée, comme de nombreux parents, je m'étais fait plaisir et avais soigné la tenue de mon petit garçon, c'est une vraie gravure de mode que j'ai accompagnée à l'école. Mais cela ne se renouvela pas : la blouse était obligatoire ! Et tant mieux finalement. J'ai vite compris que les taches de peinture, bien que créatives parfois, n'étaient pas destinées à la Fashion Week !

Timothée ne rechignait pas pour aller en classe, au contraire, je crois que cela lui plaisait bien, même s'il ne parlait toujours pas très bien. Mais je ne l'y emmenais pas tout le temps. Le matin, s'il ne se réveillait pas seul, je préférais le laisser dormir. Je le trouvais encore trop petit pour l'arracher chaque matin au sommeil. Il y allait l'après-midi. Je voulais qu'il évolue et apprenne à son rythme, au grand dam de la maîtresse.

– 16 –

ON NE VA QUAND MÊME PAS LAISSER TIMOTHÉE TOUT SEUL !

Timothée faisait de rapides progrès, il comprenait bien le français, et cela se passait de mieux en mieux à l'école. Nous étions heureux.

J'avais surmonté le traumatisme que représentaient les démarches pour l'adoption internationale, et l'envie d'un second enfant se faisait sentir de plus en plus à la maison. Surtout quand nous regardions Timothée jouer tout seul. Nous ne voulions pas qu'il y ait trop d'écart d'âge entre nos enfants. Nous étions prêts à tenter à nouveau l'aventure. Nous avions déjà pris la précaution de demander l'agrément au conseil général, et l'avions obtenu.

En mars 2012, j'ai pris mon temps afin de concocter un véritable prospectus publicitaire en guise de lettre de motivation pour tous les organismes autorisés pour l'adoption. J'avais fait un montage avec quelques photos de nous trois, accompagné d'un texte « vendeur ». J'ai envoyé le même courrier à l'Agence française de l'Adoption, qui gérait une partie des adoptions individuelles. J'ai déposé une demande partout, et pour tous les continents.

J'appelais notre second enfant Peter Pan, car son pays n'était qu'imaginaire pour le moment. Cette fois, nous n'avons eu aucune discussion concernant ses origines : qu'il vienne d'Afrique, d'Asie, d'un pays de l'Est ou d'Amérique du Sud, peu importaient sa couleur et sa culture, pourvu qu'il soit en bonne santé. Toutes les questions qui s'étaient posées lors de notre première adoption n'avaient plus lieu d'être. Quant à mes inquiétudes sur le fait d'adopter : envolées !

Mais le problème, cette fois, ne vint pas de nos doutes et tergiversations. Ce fut bien pire : aucun organisme autorisé pour l'adoption ne nous a acceptés, et l'Agence française de l'Adoption nous a dit que tous les pays étaient « bouchés ». Pourquoi ce refus généralisé ? Parce que nous avions déjà un enfant et que la priorité était donnée aux couples qui n'en avaient pas. Nous ne pouvions, hélas, que trouver cela tout à fait normal. Je ne me souvenais que trop de ma colère contre tous les adoptants ayant déjà plusieurs enfants qui nous prenaient des places dans le classement de Médecins du Monde. Mais comme je les comprenais maintenant !

En deux ans, la situation de l'adoption internationale avait pris une tournure dramatique. Beaucoup de pays s'étaient fermés, dont le Vietnam. Même la

Colombie commençait à prendre le même chemin. Décidément, j'avais vu juste à son sujet...

J'ai alors envoyé à tous les départements français une demande pour intégrer leurs listes d'attente. Mais j'ai aussi été très déçue de ce côté-là, car seuls quelques-uns ont accepté de nous inscrire, en précisant bien que nous passerions après les candidats de leur département. Ce qui est normal aussi.

Un dernier espoir résidait quand même en Colombie. Ma marraine avait une connaissance sur place qui pouvait peut-être nous aider à déposer un dossier dans ce que l'on appelle une « *casa* ». Les *casas* sont des orphelinats privés colombiens que l'on contacte sans passer par l'ICBF (l'Aide sociale à l'enfance colombienne) dans un premier temps. Elles acceptaient très peu d'adoptants et étaient surchargées de demandes. Mais si par chance l'une d'entre elles validait la candidature d'un couple, il suffisait ensuite que le dossier soit accepté par l'ICBF pour figurer sur leurs propres listes d'attente. Les délais pouvaient parfois être moins longs pour l'attribution d'un enfant.

Je me suis démenée pour envoyer un dossier de présentation à la *casa* en question, j'ai activé tous les contacts que j'avais sur place. Y compris avec une bonne amie de la directrice, qui nous a pistonnés. En vain. Nous fûmes refusés. La cause ? Un reportage assassin sur l'adoption internationale en Colombie avait déclenché une polémique partout dans le pays contre l'ICBF, et surtout contre la *casa* où nous avions postulé. Celle-ci ne pouvait accepter de nouveaux dossiers en cette période de turbulences. Encore de l'énergie dépensée pour rien, des espoirs brisés abruptement, car j'y avais cru de toutes mes forces.

Après cette vague noire de refus, nous avons commencé à réfléchir à l'avenir de notre famille. Fallait-il vraiment se résoudre à vivre à trois alors que nous avions toujours pensé que nous aurions plusieurs enfants ? À cette idée, J'étais envahie d'une profonde tristesse.

Nous étions en septembre 2012, Timothée avait presque trois ans et demi, il entrait en petite section de maternelle et il lui arrivait régulièrement de réclamer un petit frère. Mais ce n'était pas possible, nous n'étions pas magiciens, nous avions tout tenté. J'avais exploré toutes les pistes. Nous devions nous résigner et imaginer notre vie de famille différemment. C'était d'autant plus dur qu'autour de nous les tribus des copains ne cessaient de s'agrandir.

J'ai voulu retravailler. Passionnée par les difficultés de la langue française et ayant obtenu 901 sur 1 000 à la certification Voltaire, j'ai décidé de me lancer dans l'auto-entrepreneuriat en tant que coach personnel en orthographe pour enfants et adultes. J'ai commencé à exercer en novembre 2012 et j'ai vite eu des demandes de tous bords. Je me suis plu à exploiter mon côté créatif en créant mes flyers et mes cartes de visite. Mon concept était simple et correspondait exactement à ce que je savais et aimais faire : enseigner de manière ludique. J'utilisais les tablettes connectées à des applications, un rétro-projecteur et des jeux de société qui tournaient autour de l'orthographe. Mes élèves prenaient goût à cette matière qu'ils avaient en horreur depuis l'enfance.

Cette expérience n'a cependant pas duré longtemps. Je n'ai même pas eu le temps d'aller distribuer mes flyers chez les commerçants car, un mois plus tard, j'ai entendu aux informations que les Américains venaient de se voir interdire l'adoption en Russie. Je n'ai même pas fait attention au pourquoi du comment. J'ai réagi aussitôt, comme le jour où nous sommes passés de la Colombie au Vietnam : les Américains « éliminés », il allait y avoir plein d'enfants adoptables pour les autres pays, dont la France !

Une lumière dans la nuit. Je n'arrivais pas à éprouver de compassion pour tous les parents de l'autre côté de l'Atlantique qui ne pourraient pas accueillir de petits Russes : pour nous, l'espoir renaissait. Le malheur des uns ferait-il le bonheur des autres ? Je ne sais pas pourquoi, je m'étais mis dans la tête qu'il y avait très peu d'enfants petits, en bonne santé et adoptables en Russie. Ma vision des démarches d'adoption là-bas était complètement erronée. Je ne me rendrais compte que beaucoup plus tard du drame que ces familles américaines avaient pu vivre et de la cause insensée de leur éviction.

Pour résumer très brièvement les faits, les États-Unis ont voté en 2012 la loi Magnitski, qui interdit de séjour sur leur sol les responsables russes impliqués dans la mort en prison en 2009 du juriste Sergueï Magnitski – incarcéré pour avoir dénoncé une vaste machination financière – ou dans d'autres violations des droits de l'homme. En représailles, le président russe Vladimir Poutine a promulgué une loi interdisant l'adoption d'enfants russes aux Américains. Celle-ci est entrée en vigueur en janvier 2013. Cinquante-deux procédures d'adoption en cours ont été arrêtées.

Mais à ce moment précis, seul notre intérêt comptait.

J'ai posté un message sur le forum d'adoptants en Russie pour savoir quels étaient les démarches et les délais dans ce pays... En me rappelant qu'au départ, en 2006, nous avions dit *jamais* la Russie. Tout comme j'avais affirmé *jamais* le Vietnam. Et heureusement que nous n'étions pas partis pour la Russie en 2010, car nous avions désormais Timothée, et je n'aurais voulu de personne d'autre que lui ! Il est tellement génial, c'est tellement mon fils, tellement tout mon amour, il est irremplaçable. Je l'aimerai toujours infiniment, même quand je sauterai d'étoile en étoile au firmament de ma vie.

On ne va quand même pas laisser Timothée tout seul !

*
* *

À la suite de mon message sur le forum, un petit miracle se produisit : une jeune femme prénommée Laurence m'a répondu immédiatement en privé qu'elle allait bientôt partir chercher une petite fille à Moscou en adoption individuelle (sans passer par un organisme autorisé pour l'adoption) et qu'elle avait un « facilitateur » très sérieux.

Un facilitateur ? C'est celui qui s'occupe de toutes les démarches dans le pays de l'enfant à notre place. J'ai trouvé l'idée intéressante.

– 17 –

SAINTE RUSSIE

Le soir même, le 1er janvier 2013, j'avais Laurence au téléphone. Elle m'expliqua son histoire et toutes les démarches qu'elle avait effectuées dans les moindres détails.

Elle était effectivement sur le point de partir avec son mari pour Moscou afin de récupérer leur petite fille grâce à Vadim, leur facilitateur, et Anna, leur traductrice. Le déroulement de la procédure pour eux avait été simple : un premier voyage pour rencontrer l'enfant, un autre pour le jugement et un troisième pour ramener la petite en France. En six mois, la boucle était bouclée. Un délai aussi court me parut inimaginable au regard des longues années durant lesquelles nous avions attendu notre premier !

Laurence m'avertit aussi que, désormais, il y avait urgence, car l'adoption individuelle en Russie risquait d'être bientôt interdite. La Russie attendait que la France ratifie un accord en ce sens depuis déjà quelques années, et la signature française était imminente. Il fallait vraiment se décider très vite.

Ensuite il a fallu inéluctablement aborder la question qui fâche. O.K. c'est rapide, O.K. le facilitateur est sérieux et tout est légal, mais combien ? Et ce fut la douche froide. Je n'avais aucune idée des honoraires de ceux qu'on appelle « facilitateurs », mais la somme annoncée me parut indécente.

Ces coordinateurs étaient chargés de régler les problèmes administratifs sur place et de nous transmettre les fiches des enfants adoptables que les autorités russes nous proposaient. Ils étaient incontournables, mais de là à se faire payer des dizaines de milliers d'euros pour les plus gourmands, je trouvais cela abusif. D'autant que ce montant ne comprenait pas les frais annexes de traduction, de notaire, de voyage, d'hébergement, etc.

Les honoraires des facilitateurs russes s'échelonnaient en effet entre 8 000 et plus de 30 000 euros parfois, selon les régions où se situaient les orphelinats, la déontologie de l'intermédiaire et, à Moscou plus particulièrement, selon la formation du coordinateur. Si ce dernier était avocat ou issu d'un cabinet d'avocats, les prix s'envolaient.

Ma première réaction après avoir raccroché fut d'appeler Renaud pour lui rapporter les informations récoltées. Le filon paraissait sécurisé, donc séduisant. Laurence m'avait donné les coordonnées d'autres familles passées par Vadim, afin de recueillir leur ressenti et leurs témoignages. L'espoir commençait à renaître.

Mais avant de prendre une décision, nous nous sommes mieux renseignés sur les démarches d'adoption en Russie grâce à Internet.

J'ai aussi fait mon enquête sur les forums pour trouver des témoignages sur les autres facilitateurs. J'ai appris que plusieurs couples avaient été arnaqués par des personnages véreux qui avaient demandé des versements d'argent sans présenter d'enfants par la suite, ou qui présentaient des enfants malades tout en affirmant qu'ils allaient bien. Des histoires sordides qui nous effrayaient. Je connais même un couple rencontré sur la Toile qui s'est fait balader par un organisme autorisé pour l'adoption lui ayant présenté plusieurs fois des enfants en mauvaise santé : Charlotte, qui depuis est devenue l'une de mes amies, s'est déplacée avec son mari Emmanuel plusieurs fois dans le pays, avec tous les frais que cela engendrait… pour rien ! Et, pas de chance pour eux, avant cette mésaventure, ils avaient déjà fait les frais d'un intermédiaire peu scrupuleux en Ukraine.

Lorsque j'avais envoyé mon premier message sur le forum des adoptants en Russie, je n'avais pas reçu que la réponse de Laurence : plusieurs adoptants m'avaient aussi expliqué qu'il ne fallait surtout pas prendre tel ou tel facilitateur pour diverses raisons. Plus tard, d'autres m'avaient conseillé des facilitateurs sérieux travaillant en Sibérie. Je rapportais ces informations au fur et à mesure à Renaud, comme d'habitude.

Nous avions une peur peut-être irraisonnée de nous faire avoir. Allait-il falloir que nous nous résolvions à verser un tel montant si nous voulions être sûrs d'être à nouveau parents ? La somme que demandait le facilitateur, Vadim, dépassait les 20 000 euros. Cette décision ne pouvait se prendre à la légère. Il fallait que nous soyons absolument certains qu'il était sérieux et que nous ne tomberions pas dans un traquenard. Parce qu'une chose était certaine : nous n'avions pas de quoi couvrir les honoraires de Vadim et les frais annexes, nous allions devoir faire appel à notre famille ou à la banque.

La piste moscovite demeurait cependant la plus rapide et les retours des familles étaient tous dithyrambiques concernant Vadim. Nous avions un bon pressentiment au vu du nombre de familles satisfaites qui nous avaient envoyé des photos de leurs enfants en bonne santé. Nos hésitations envolées, nous allions donc contacter Anna, la traductrice, et Vadim grâce à l'aide de Laurence.

Après un premier message de présentation, Anna me répondit que je devais joindre Vadim par courriel. Il était le seul décisionnaire quant à son envie de « travailler » avec nous, ou pas. En attendant, nous devions fournir à Anna tout un ensemble de pièces administratives pour qu'elle vérifie que notre candidature serait acceptée par les autorités de la région de Moscou.

Le 4 janvier 2013, j'échangeai un mail avec Vadim. Il ne parlait qu'anglais. L'une des premières questions qu'il aborda fut celle des honoraires. En avions-nous pris connaissance ? Je bouillais intérieurement et l'imaginais arborant fièrement dents en or et chaîne bling-bling… Mais, c'était le jeu, et nous l'avions accepté. Il allait falloir que je prenne sur moi en permanence avec ce genre de personnage.

Vadim me posa des questions sur l'enfant que nous souhaitions adopter et sur ce qui était inscrit dans notre agrément. Je lui répondis que nous étions agréés pour un enfant de moins de trois ans en bonne santé. Et j'insistai sur le second point : nous n'adopterions qu'un enfant en bonne santé. J'en profitai pour lui expliquer que nous ne recherchions pas particulièrement un enfant de type européen puisque notre aîné venait d'Asie. Je savais grâce à Laurence que les enfants issus de tous les pays d'Asie centrale finissant par « stan » – Tadjikistan, Ouzbékistan, Kazakhstan, Kirghizistan… – étaient nombreux dans les orphelinats russes, mais aussi que la procédure pourrait aller plus vite, les Européens adoptant plus facilement les enfants de type caucasien. Renaud et moi sommes tous les deux bruns aux yeux marron, et notre aîné est « marron », comme il se décrit lui-même ! Un petit d'Asie centrale serait le bienvenu. J'ajoutai aussi que si l'enfant était très jeune, cela serait merveilleux. Tant que nous y étions, je glissai que nous espérions un garçon. Je ne savais pas vraiment si ces critères pouvaient être pris en compte. Nous nous sommes séparés sur un amical « *See you soon* ».

Officiellement, nous avons envoyé un fax, traduit par Anna, pour solliciter un rendez-vous avec l'opérateur de la banque de données fédérale – dans notre cas, c'était le ministère de l'Éducation et de la Science de la fédération de Russie. Nous devions nous rendre sur place pour déposer notre dossier complet. Quand celui-ci serait validé, l'opérateur serait en mesure de nous proposer un enfant, que nous pourrions aller rencontrer.

Mais en amont, pour éviter des déplacements inutiles, Vadim, à qui nous avions donné tout pouvoir pour nous représenter en Russie, était chargé de nous transmettre les quelques informations inscrites sur la fiche de l'enfant proposé par le ministère.

En Russie, tous les enfants adoptables sont sur une base fédérale de données. Ils sont photographiés, et leur profil est assorti d'une brève description. Cette banque de données est accessible à tous sur Internet. Quand j'ai vu cette base, j'ai été un peu, comment dire ? Surprise ! On aurait dit un catalogue. Un catalogue on ne peut plus officiel :

c'était la Russie elle-même qui mettait ses enfants en ligne. Mais ce n'est pas pour autant que l'on choisissait un enfant. Je ne sais pas à quoi ni à qui sert cette base, d'ailleurs. Peut-être aux adoptants russes ?

Tout était écrit en cyrillique mais, grâce à un traducteur instantané, il ne me fallut guère de temps pour comprendre. N'importe qui pouvait cocher des cases telles que : sexe, couleur des yeux, des cheveux, origine ethnique, etc.

Vadim m'a fixé un premier rendez-vous sur Skype, le 21 janvier 2013, pour me parler d'un enfant. Comme je ne maîtrisais pas parfaitement l'anglais, j'avais demandé à une amie de jouer les traductrices. Renaud ne pouvait être présent, il travaillait. J'étais terriblement tendue, qu'allait m'annoncer mon « facilitateur » ? J'allais peut-être savoir qui était Peter Pan ! Qui serait le petit frère (ou la petite sœur) que Timothée désirait tant.

Vadim me décrivit un petit garçon de douze mois en bonne santé. L'émotion me gagnait. Mais il m'annonça assez rapidement que la mère biologique de cet enfant était schizophrène. Je restai coite. Je ne savais que répondre. Ayant déjà vu les ravages de la schizophrénie dans des familles que je connaissais, je lui demandai de me laisser un délai de réflexion et mis fin à la conversation. Je n'avais pas vu son visage, car il n'avait pas mis la vidéo.

Je prévins immédiatement Renaud, et dans les minutes qui suivirent nous appelions tous les médecins que nous connaissions. La réponse fut unanime : eux n'accepteraient pas. L'un d'eux nous a même dit que la recherche essayait de prouver que cette maladie pouvait être héréditaire. Il n'était pas rare que plusieurs membres d'une même famille soient schizophrènes, et c'était très lourd à gérer.

Effrayés, nous avons décliné la proposition. Non sans remords. C'était vraiment très difficile de refuser un enfant, moralement parlant. Je ne pouvais m'empêcher de penser que ce bébé ne serait peut-être jamais adopté à cause de cette maladie alors qu'il y avait de grandes chances pour qu'il ne la développe jamais.

Avons-nous fait preuve de faiblesse ou de frilosité en refusant ? Le risque zéro existait-il ?

Encore aujourd'hui, rien ne dit que notre Peter Pan ne développera pas telle ou telle affection grave en grandissant. Je suis bien placée pour le savoir !

La question de l'adoption d'un enfant ayant réellement des problèmes de santé s'était d'ailleurs déjà présentée à nous.

Lors de nos recherches d'organismes autorisés pour l'adoption, bien avant l'aventure russe, l'un des rares qui nous avaient contactés quand même se chargeait des adoptions au Burkina Faso. Il nous avait avertis que très peu de jeunes enfants étaient alors proposés dans ce pays.

Un jour, alors que j'attendais à la caisse d'un magasin de sport, cette association me téléphona. J'ai tout lâché et me suis précipitée dehors pour m'isoler. La responsable me dit qu'une petite fille était adoptable. Mais je n'eus pas le temps de me réjouir : elle ajouta que l'enfant avait trois ans et demi et était atteinte d'une maladie du sang chronique. J'étais bouleversée, incapable de réagir. Je n'avais pas envie de refuser immédiatement, j'avais besoin d'y réfléchir.

C'est évidemment Renaud que j'ai appelé en premier. Il était contre et me rétorqua de ne plus y penser. Mais je menai quand même mon enquête. Il fut assez simple pour moi d'appeler des spécialistes en maladies du sang. J'avais justement rendez-vous avec mon hématologue, à Paris, la semaine suivante. Celui-ci me dit clairement de ne pas accepter et m'expliqua, schémas à l'appui, comme il l'avait fait pour la greffe de moelle osseuse, ce qu'était la maladie de la petite fille. Il insista sur le fait que cela serait dur pour moi de devoir encore passer du temps dans les services d'hématologie, que cette affection était incurable et que la petite devrait être hospitalisée très souvent.

Je répondis donc à l'association que j'étais vraiment désolée mais que ce ne serait pas possible. Fin de l'épisode.

Malgré tout, je pensai longtemps à cette petite fille. C'est très culpabilisant de refuser de l'aide à un enfant malade…

Nous étions à nouveau dans l'attente. L'attente d'une nouvelle proposition. Celle-ci arriva quelque temps après. Une petite fille d'origine kirghize. Nous nous étions faits à l'idée d'adopter un petit garçon. Mais il ne s'agissait que d'une reprogrammation à effectuer, et nous commencions à en avoir l'habitude. Alors, du moment que la petite était en bonne santé… Cette enfant qui s'annonçait était donc une très bonne nouvelle pour moi. Mais là encore, nous avons rapidement déchanté. Il fallait que nous soyons impérativement à Moscou dans les quinze jours pour le rendez-vous avec les autorités russes et la rencontre avec l'enfant ! C'était absolument impossible pour nous, même avec la meilleure volonté du monde. Trop d'impératifs aussi bien professionnels que privés. Sans compter le temps d'obtenir les visas, les billets d'avion, etc.

Et puis, de toute façon, j'écris « nous » mais je devrais dire « je », car Renaud ne se résolvait pas à changer encore de projet. Il s'était désormais projeté l'image d'un fils.

Encore un coup dans l'eau et des émotions en bascule. Les wagonnets des montagnes russes de l'adoption tournaient à plein régime.

Après ces deux échecs, j'avais très peur du « jamais deux sans trois »... C'était trop dur à supporter : à chaque proposition d'enfant, je l'imaginais immédiatement et je me voyais maman de ce bébé, malade ou non. C'était un mécanisme qui se mettait en place malgré moi, et je ne pouvais rien faire pour l'éviter.

Pour Renaud, c'était probablement différent. Il a totalement occulté la proposition de la petite Burkinabé, par exemple. Dès que j'ai évoqué sa maladie, il a fermé les écoutilles. Mais moi, après chaque refus, je passais des nuits à penser à l'enfant.

*
* *

Et puis il y a eu la proposition qui a effacé toutes les autres.

En février 2013, Vadim m'a envoyé un mail m'informant que les autorités russes proposaient un petit garçon en bonne santé. Rendez-vous sur Skype, comme d'habitude, via la messagerie instantanée. Le petit était d'origine kirghize, et il était né le 31 mars 2012. Il allait donc bientôt avoir un an. Tout « collait », apparemment. Vadim me dit que nous pouvions venir en mars le rencontrer. Chaque mot qu'il écrivait provoquait en moi une émotion chargée de stress. L'envie d'y croire, et la raison cachée derrière, qui me chuchotait que je devais rester prudente. Je lui demandai le prénom de l'enfant. Dimiod. Dimiod ? J'ai dû faire une drôle de tête. Il me précisa que ce n'était pas un prénom russe. Merci, je l'avais deviné.

J'en ai parlé à Renaud immédiatement, et nous avons accepté. Mais non sans inquiétudes, car on nous avait bien prévenus qu'il fallait nous méfier de l'état de santé des enfants russes, quoi qu'on nous affirme, notamment du syndrome alcoolique fœtal, ou SAF, très répandu là-bas et dû à l'alcool ingurgité par la mère biologique lors de la grossesse. Avec pour les enfants des conséquences désastreuses, telles que retard de croissance, troubles mentaux et malformations physiques. Un syndrome qu'il n'était pas toujours facile de détecter à la naissance, car les symptômes pouvaient apparaître plus tard, au cours de la croissance. C'était surtout pour cela qu'au début de nos démarches pour l'adoption de notre premier enfant nous avions rayé la Russie de la liste. Mais nous avons décidé d'avoir confiance et de prendre le risque. En route pour la Russie, le pays de Peter Pan. Fini le pays imaginaire !

*
* *

Nous avons repris contact avec Anna, notre traductrice, qui a dressé la liste des pièces administratives supplémentaires que nous devions emporter dans nos valises.

Première étape : obtenir des visas rapidement. Nous avons trouvé sur les forums les noms de plusieurs agences à Paris qui proposaient des visas pour la Russie et allaient à l'ambassade à la place des adoptants. Nous avons opté pour l'une d'elles. Tout cela avait un coût, évidemment. Un aller-retour Saint-Quentin-Paris en train, c'était déjà cinquante euros. J'ai dû y aller pour déposer le dossier, puis y retourner pour reprendre les visas : cent euros de moins dans l'escarcelle ! Et puis tant qu'on y était, encore environ trois cents euros pour les visas. En fait, il nous a fallu retirer carrément mille cent euros de plus de la bourse. C'est qu'on n'y allait pas en trottinette, à Moscou ! Et il nous faudrait aussi un toit pour les six jours prévus sur place ! Et comme c'était le premier voyage, nous n'allions pas trop nous aventurer et réserver un hôtel international plutôt que de louer un appartement, pourtant moins cher. Il faudrait aussi se nourrir, et les prix des restaurants à Moscou étaient les mêmes que dans toutes les grandes capitales occidentales. Nous étions loin des prix dérisoires de Hô Chi Minh. Nous devions également emporter de quoi régler Vadim (en billets de cinq cents euros) si nous acceptions l'enfant.

Renaud gérait ce problème avec la banque car, avec les lois antiblanchiment, il n'était pas simple d'obtenir autant d'argent en grosses coupures. Vadim ne voulait que des euros en liquide. Il pourrait se payer de belles vacances dans les palaces de la Côte d'Azur avec tout cela ! Le malheur des uns fait toujours le bonheur des autres…

Car il ne faut pas se faire d'illusions : si le coût de l'adoption en Russie est important, le même système règne partout dans le monde. Il n'y a pas de philanthrope dans l'adoption, quel que soit le pays. C'est un marché juteux, même si l'on passe par les organismes autorisés. Si l'on n'a pas affaire directement à un facilitateur, par exemple, on fait, à quelques exceptions près, un gros don à un orphelinat via l'association par laquelle on passe. Au-delà des orphelinats, on « rince » aussi du monde sur place sans le savoir. Il y a toujours une personne qui en profite à un moment ou à un autre, y compris certains directeurs d'orphelinat. Les seuls philanthropes sont les bénévoles des organismes autorisés et des orphelinats, les nourrices et tous ceux qui agissent, qu'ils soient salariés ou non, dans l'intérêt réel des enfants. Les parents qui veulent adopter, tout comme les enfants qui ont besoin de parents, ne sont qu'otages dans tout cela.

Par ailleurs, quand je vois la situation de l'adoption en France, je me dis que tout le monde n'œuvre pas pour que les enfants soient heureux et accueillis rapidement dans une famille bienveillante. Il y a là aussi des zones opaques…

C'est vrai également pour tous les pays qui ferment leurs portes à l'adoption internationale. Car il ne faut pas croire qu'il n'y a pas d'enfants abandonnés dans un État qui se dit fermé à l'adoption. Au contraire, comme ils ne sont pas adoptés, ces gosses croupissent de plus en plus nombreux dans les orphelinats ou, pire, dans la rue. Ces pays expliquent souvent leur choix en affirmant : « L'adoption nationale se développe chez nous, alors nous n'acceptons plus d'étrangers. » Mais c'est loin d'être vrai dans tous les cas ! Et si cela semble se vérifier dans des pays comme la Colombie, dans d'autres, c'est un mensonge éhonté probablement servi par des intérêts politiques que je ne suis hélas pas en mesure de comprendre ni d'analyser…

– 18 –

FÉBRILITÉ...

Nous étions attendus le 27 mars à l'orphelinat pour rencontrer Dimiod alias Peter Pan. Je suis passée dans un magasin pour lui prendre deux ou trois attrape-bébés, des jouets bien colorés ou musicaux qui l'attireraient dans nos filets... J'ai zippé la valise – ça existe encore, des valises qu'on boucle ? – et rapidement vint le jour du départ.

Nous étions plus inquiets que joyeux, car nous n'avions pas le droit de nous réjouir tant que la bonne santé de notre enfant n'était pas confirmée. Nous avions d'ailleurs prévu de faire venir à l'orphelinat une pédiatre spécialisée parlant français qui nous avait été recommandée par d'autres adoptants. Elle nous a quand même pris cinq cents euros pour une heure sur place et la traduction du dossier médical : une page... En liquide et en euros, cela allait de soi ! Un billet de plus ou un billet de moins, nous n'étions plus à ça près, devaient-ils penser.

Nous avons atterri le 25 mars 2013 à l'aéroport de Sheremetyevo, dans la banlieue de Moscou. Une étape fatidique nous attendait, et nous n'en menions pas large. Il allait falloir passer la douane avec nos liasses de billets en poche... Nous avions chacun juste la limite de la somme autorisée en liquide. Il y avait l'argent pour Vadim et pour la traductrice, mais aussi pour le notaire qui allait certifier nos documents sur place. Nous ne transportions que des billets de cinq cents euros. J'en avais fourré quelques-uns dans une poche arrière de mon jean, d'autres dans celle de mon sweat. Même si nous n'étions pas dans l'illégalité, si nous devions dire à quoi nous servirait cet argent, nous serions bien embêtés. Et puis, de manière générale, nous n'étions simplement pas à l'aise avec ce bagage supplémentaire. Mais, par chance, personne ne nous a fouillés.

Youri, nouveau protagoniste de l'histoire et homme à tout faire de Vadim, nous attendait à l'aéroport avec une pancarte à notre nom. Nous nous serions crus dans un roman noir. Il avait vraiment la gueule de l'emploi. Je l'aurais très bien vu dans un film d'espionnage soviétique nous faisant cracher la vérité à coups de matraque, nous mettant la tête dans l'eau des toilettes ou nous écartelant pour nous faire avouer que nous étions de la CIA (Cooperative International Adopters, les Adoptants internationaux coopératifs…). Il nous fit monter dans sa voiture. À côté des tacots et autres tas de ferraille que nous avons croisés sur la route, elle était plutôt correcte, même si elle n'était pas de la première jeunesse.

Nous étions en Russie, les poches pleines de billets, et nous accompagnions un parfait inconnu qui aurait pu nous emmener n'importe où, nous séquestrer, nous tuer sans que personne n'ait plus jamais de nos nouvelles… Je n'avais rencontré ni Laurence, qui m'avait conseillé ces intermédiaires, ni les intermédiaires eux-mêmes. Sur Skype, jamais Vadim ne s'était montré. Tout aurait pu n'être qu'un guet-apens, finalement. C'était pour ça que nous n'étions pas franchement tranquilles… Et que nous avons poussé un soupir de soulagement quand Youri nous a déposés à l'hôtel ! Il nous prévint qu'il reviendrait nous chercher le 27 mars, soit deux jours plus tard, pour aller à l'orphelinat. Ainsi soit-il.

À l'hôtel, pourtant situé près de la rue Arbat, l'une des plus touristiques de la ville, personne ne parlait français. (En Russie, si vous ne déchiffrez pas le cyrillique, si vous ne parlez pas le russe ou un anglais même approximatif, vous êtes foutu !) Avantage non négligeable, cependant : nous avions une station de métro au pied de l'immeuble qui nous menait facilement sur d'autres sites importants, comme la place Rouge.

Nous connaissions déjà Moscou pour y être allés en 2007 grâce à Renaud. Ce dernier ainsi qu'une vingtaine d'autres agents généraux avaient gagné, lors d'un concours organisé par leur compagnie d'assurances, un voyage de grand luxe à Moscou et Saint-Pétersbourg. Nous étions logés dans les palaces les plus somptueux. Tout était privatisé pour nous, nous avons déjeuné et dîné dans les plus grands restaurants, avec caviar et vodka à l'envi tous les jours. Je n'avais que vingt-cinq ans mais je vivais une expérience hors du commun, et probablement unique ! Nous étions de loin les plus jeunes du groupe. L'agence de voyages a fait venir les Chœurs de l'Armée rouge dans l'ancien bunker de Staline pour un récital privé. Nous avons relié Moscou à Saint-Pétersbourg la nuit grâce au Nikolayevski Express, un train très ancien, à l'instar de l'Orient-Express, où le temps semblait s'être arrêté. Des femmes en uniforme et chapka étaient postées devant chaque wagon pour nous accueillir – sans un sourire, évidemment.

À Saint-Pétersbourg, tous les palais nous étaient ouverts, même ceux qui étaient d'ordinaire fermés au public.

Le dernier soir, nous avons eu droit à un dîner de gala dans un palais somptueux, avec des chanteurs lyriques en musique de fond. L'alcool coulait à flots... À tel point que Renaud et moi avons vécu la plus violente « cuite collective » de notre vie. Nous sommes rentrés à l'hôtel en titubant, et à peine arrivés dans la chambre, nous avons commandé à peu près tout ce qu'il y avait sur la carte du room-service. À 4 heures du matin, les serveurs ont dressé une table près de notre lit et nous ont apporté des spaghettis, du bortsch, des sandwiches, du fromage, et que sais-je encore.

Quand nous avons repris nos esprits le lendemain, nous nous attendions à devoir régler une note importante, mais rien ne nous fut réclamé ! Nous avons repris l'avion quelques heures plus tard pour rentrer.

Ce voyage s'était déroulé en hiver. Je n'avais pas aimé Saint-Pétersbourg, mis à part la Neva gelée et l'incroyable musée de l'Ermitage. J'avais peur dans la rue tant les gens paraissaient froids, et puis les palais ne me faisaient pas trop d'effet : je n'aime pas le style baroque et les dorures. Les jardins étaient enneigés et toutes les statues recouvertes d'une protection contre le gel. Impossible donc de les admirer. Si j'allais là-bas en été, j'en aurais sans doute une tout autre image. À l'inverse, j'avais beaucoup apprécié Moscou, et j'étais plutôt contente d'y retourner.

*

*　*

Aussitôt dans la chambre, nous nous sommes « déchargés » de cet argent qui nous stressait tant. Nous l'avons déposé dans le petit coffre situé dans la penderie. C'était aussi pour cela que nous avions choisi un hôtel et non un appartement. Néanmoins, nous n'avions aucune assurance que ce coffre soit impossible à forcer. Comme pour tout dans cette aventure, il nous fallait prendre des risques et être confiants. Et nous aurions pris plus de risques encore en gardant cet argent sur nous pour aller nous balader sur la place Rouge !

Nous sommes descendus au bar de l'hôtel pour demander s'ils servaient encore à déjeuner, car il était près de 15 heures. Il n'y avait pas grand-chose sur la carte du service en journée, mais je fus ravie d'y voir figurer le bortsch, cette soupe russe à la betterave rouge agrémentée de morceaux de viande bouillie finement coupés. Je pris donc ce plat et des crêpes à la russe, garnies d'œufs de saumon, de persil, de crème fraîche et d'un peu de citron. Un excellent petit repas du terroir ! Une fois rassasiés, nous sommes remontés nous reposer. Je me sentais encore « vaseuse » à cause du Lexomil pris pendant le voyage. Je me suis allongée et endormie rapidement, pendant que Renaud regardait des séries américaines sur sa tablette dans un état tout aussi comateux.

Nous avons profité de notre journée libre du lendemain pour partir à la découverte du quartier. Nous étions en mars, donc juste à la fin de l'hiver, et il fait encore très froid en Russie à cette époque de l'année. J'avais acheté un épais manteau exprès pour la Russie (encore une dépense annexe), mais il fallait que je me procure une chapka. Question chaussures, je n'avais emporté que des après-ski. Je n'étais pas là pour la Fashion Week russe, si tant est qu'elle existe.

La plupart des femmes Russes que j'ai vues dans le centre-ville, elles, quel que soit le temps et en toute circonstance, portent des hauts talons et une jupe cachée sous leur manteau de fourrure. Je me demande comment elles font pour ne pas glisser sur le verglas. Peut-être qu'elles maîtrisent parfaitement le planter de talons dans la neige ? Ou alors ces derniers sont des pics à glace ! La chapka ou le bonnet fourré sont en revanche bien de rigueur pour tout le monde.

La rue Arbat n'avait aucun intérêt. C'est une rue piétonne très ancienne et très touristique, bordée de boutiques de souvenirs, avec poupées russes made in China et des tas de babioles aux couleurs du pays. Rien d'intéressant. Toutefois j'ai quand même trouvé ma chapka là-bas, et ce ne fut pas du luxe tant il faisait froid. La neige recouvrait tout et tombait sans interruption. Nous étions entre deux saisons, mais le ciel crachait ses derniers flocons avec une constance impressionnante.

Nous avons été épatés par l'efficacité de l'organisation des Russes pour dégager la neige. Des convois d'engins spécialisés et de chasse-neige passaient partout. Les rues étaient praticables en deux temps trois mouvements malgré la tempête. Impossible de ne pas faire de comparaison avec ce qui se passe chez nous, où le pays tout entier est paralysé dès qu'il tombe quatre flocons et demi. En même temps, ils n'ont pas vraiment le choix en Russie, l'hiver est rude et long, et le trafic automobile est intense. Ils doivent être réactifs.

Après notre balade rue Arbat, nous nous sommes engouffrés dans le métro direction la place Rouge. S'engouffrer dans le métro soviétique n'est pas un terme galvaudé, les escaliers mécaniques sont très pentus, et la profondeur à laquelle nous descendons sous terre est vertigineuse. Notre première expérience seuls dans le métro fut assez épique. Tout étant écrit en cyrillique, il ne fallait pas lire mais déchiffrer le nom des stations.

L'alphabet cyrillique n'avait rien à voir avec le nôtre, et je n'y connaissais rien. Il fallait que je vérifie lettre à lettre que chaque nom de station écrit sur un mur correspondait exactement à celui que j'avais sur mon plan. Ensuite, je notais où nous devions nous arrêter, et Renaud comptait les stations pour être sûr que nous descendrions au bon endroit. Nous avions un changement, et j'eus réellement l'impression d'être dans un jeu de piste avec tous ces couloirs. Il ne nous manquait plus qu'une boussole pour parfaire le costume.

Nous avons quand même réussi à arriver à bon port, non sans fierté. Nous savions désormais prendre le métro à Moscou.

Je ne peux pas me contenter d'évoquer le métro moscovite, je me dois d'en parler plus longuement, car c'est un de mes endroits préférés. Le calme des voyageurs dans les rames est olympien, les gens sont disciplinés, le sol est d'une propreté impeccable. Les murs sont de véritables œuvres d'art, il y a parfois de vrais lustres aux plafonds. Toutes les stations sont des petits musées. La plupart d'entre elles sont ornées de sculptures, de tableaux, de mosaïques. Quand une femme avec un enfant ou une personne âgée monte dans la rame, immédiatement quelqu'un se lève pour lui laisser sa place. C'est une évidence pour les Moscovites, alors que chez nous cette pratique se perd.

Malheureusement pour nous, en sortant du métro, nous avons constaté que la place Rouge n'était qu'un grand chantier : on démontait la patinoire installée pour l'hiver. Pas de chance pour les pauvres touristes venus admirer cet endroit mythique. Mais je n'étais pas déçue, car ce que j'aime, ce sont les monuments qui entourent cette immense place, surtout la petite basilique de Basile le Bienheureux, avec ses formes oniriques et ses couleurs chatoyantes. Toute petite, déjà, quand je la voyais dans les livres, elle symbolisait pour moi la Russie. Ces bâtiments religieux surmontés de véritables glaces à l'italienne ont toujours titillé ma curiosité. Je les ai photographiés sous tous les angles.

Nous avons remonté la place Rouge à travers le Goum, cet immense centre commercial de luxe datant de la fin du XIXe siècle. Le bâtiment fait toute la longueur de la place, en face du tombeau de Lénine. C'est un peu la rue Saint-Honoré ou l'avenue Montaigne à Paris, mais le Goum est entièrement recouvert d'une verrière.

En nous dirigeant vers la station de métro pour rentrer à l'hôtel, nous avons aperçu un *dinner* à l'américaine bien caché et en sous-sol. Nous avions faim et nous sommes entrés. Quel changement d'atmosphère ! Un véritable plongeon dans l'Amérique des années 1950 ! Une serveuse en patins à roulettes, jupe ultracourte et petit tablier blanc, vint nous accueillir. Fumeurs ou non-fumeurs ? (Tiens cela existait encore ici !) Ex-fumeurs qui ne supportent plus l'odeur de la cigarette, s'il vous plaît. Dommage, car seuls les fumeurs avaient la joie de déjeuner dans des Cadillac intégrées dans le décor. On nous a dirigés dans l'autre salle, en passant devant des statues d'Elvis Presley, des jukeboxes et quantité d'autres objets caractéristiques de cette époque. Nous n'étions plus en Russie, mais bel et bien aux États-Unis. J'ai adoré ce double dépaysement. Tellement que nous y sommes retournés très souvent.

*
* *

De retour à l'hôtel, nous avons été à nouveau totalement envahis par le stress que cette promenade dans Moscou avait un peu « anesthésié ». Nous devions rencontrer Dimiod le lendemain. La tension était presque maximale. Comment allait-il réagir avec nous ? Serait-il en bonne santé ? Était-il vraiment adoptable ? Notre facilitateur était-il quelqu'un de confiance ? Devions-nous emporter tous nos billets de cinq cents euros ? Nous espérions autant que nous craignions la journée du lendemain.

Je reçus alors un SMS d'Anna, la traductrice, m'annonçant que la rencontre n'aurait lieu que le surlendemain. Nous nous sommes décomposés en une seconde. Le stress était déjà si fort, nous étions tellement préparés mentalement à cette rencontre que passer une journée de plus dans cet état nous paraissait insurmontable. Mais nous devions être au garde-à-vous et accepter ce changement de programme. Nos émotions, ils s'en fichaient bien.

Ce « décalage » était simple à expliquer. Avant de partir rencontrer Dimiod, nous devions passer dans une administration russe pour qu'elle nous montre son dossier et que nous nous lui signifiions que nous acceptions (ou non) cette entrevue avec l'enfant. Mais, en Russie, les rendez-vous s'annulaient et se reportaient à l'envi. Le nôtre avait été reporté du jour au lendemain. Nous n'avions rien à dire puisque c'était cette administration qui nous délivrerait le pass pour aller voir Dimiod.

« C'est pas grave, t'as qu'à adopter… »

Nous avons passé la nuit et toute la journée du lendemain enfermés dans notre chambre. Nous n'avions goût à rien. Une telle tension s'était accumulée dans cette petite pièce qu'elle aurait pu faire fonctionner un groupe électrogène ! Et pour ajouter du glauque au glauque, la tempête violentait la rue, la chambre était plongée dans le noir. Nous sommes sortis uniquement pour prendre les repas au restaurant de l'hôtel, et le reste du temps, nous avons regardé des séries sur nos tablettes. Nous nous abrutissions tout simplement pour éviter de penser.

– 19 –

NOTRE PRESQUE-DEUXIÈME FILS

Nous avons mal dormi, même si je m'étais une fois de plus « lexomilée » pour lutter contre le stress. Cependant nous n'avons pas eu de mal à nous lever : nous avions hâte de partir.

Youri nous attendait dans le hall à l'heure dite. Nous sommes montés dans sa voiture. Il neigeait toujours. Au bout de quelques minutes, j'ai décidé de ne plus regarder la route : j'étais atterrée par la conduite au volant des Russes, qui prenaient des risques inconsidérés même par ce temps. Et Youri ne faisait pas exception.

Au bout d'une bonne demi-heure, nous sommes arrivés dans un quartier résidentiel très boisé. Comme lors de notre première visite au Vietnam, j'imaginais que l'orphelinat allait apparaître après chaque virage, et je cherchais des enfants partout dans les cours des bâtiments, comme des indices.

Youri s'est enfin garé devant une bâtisse blanche de deux étages entourée d'arbres et de pelouses recouvertes de neige, qu'égayaient de nombreuses aires de jeux très bien équipées. Nous voyions tout cela à travers la grille, car nous ne pouvions pas entrer avant l'arrivée d'Anna... qui nous fit attendre un bon quart d'heure. Nous allions enfin découvrir le visage de notre traductrice après tant d'échanges par messagerie. C'était une blonde d'une quarantaine d'années, plutôt avenante, souriante et sympathique, aux antipodes de celle que j'avais imaginée tant ses courriels étaient froids, laconiques et impersonnels. Bien sûr, elle était en jupe.

Anna sonna et une femme à la silhouette masculine, en uniforme bleu, vint nous ouvrir. Pour contrôler notre identité, cette gardienne nous fit entrer dans son royaume : une pièce où pendaient des fils électriques, avec un lit à ressorts et une plaque électrique crasseuse. Difficile de ne pas se dire que, si tout était similaire dans cet orphelinat, les enfants ne devaient pas être élevés par Mr. Propre.

Mais je m'étais inquiétée à tort : nous avons dû enfiler des chaussons en plastique sur nos chaussures pour pouvoir aller au-delà de la salle de la gardienne, et quand nous sommes montés au premier étage, bien que l'ensemble soit vieillot, tout était impeccable. Le personnel était habillé comme les infirmières des hôpitaux. Il fallait que nous rencontrions l'assistante sociale qui avait suivi notre dossier pour signer un papier de présence qui témoignerait de notre visite au cas où nous adoptérions Dimiod.

On nous a ensuite dirigés vers une grande salle de jeux et d'animation pour les enfants. Il y avait toutes sortes d'instruments de musique, un petit théâtre de marionnettes et quelques jouets dans une armoire vitrée. Une longue table et des chaises noires occupaient la moitié de la pièce. De l'autre côté, un grand tapis d'Orient couvrait le sol pour que les enfants puissent jouer par terre. Nous avons attendu là, non sans émotion, que Dimiod arrive. À chaque grincement de porte, mon cœur s'emballait. Et puis une nounou est entrée avec un bébé dans les bras.

Ce petit bonhomme de douze mois tout juste, aux yeux bridés et au teint très pâle, nous regardait sans nous manifester d'intérêt particulier. Ses cheveux formaient un épi qui pointait vers le plafond. Un vrai Télétubbie ! Il ne savait vraiment pas ce qu'il faisait là et demeurait sur la réserve. Je sentais qu'il n'avait pas spécialement envie de venir vers nous. Se rendait-il compte que nous étions sur nos gardes nous aussi ?

La nounou l'a déposé sur le tapis, et nous nous sommes assis près de lui. Nous lui avons présenté tous nos attrape-bébés les uns après les autres, sans trop de succès. Au moins, il ne pleurait pas. Il touchait un peu les objets, mais j'avais l'impression qu'il se retenait, comme si nous allions le punir s'il s'en emparait vraiment.

Il semblait chercher le regard approbateur d'une nourrice. Or nous étions désormais seuls avec lui. Notre traductrice et la directrice de l'orphelinat discutaient sur un coin de table tout en nous regardant. J'avoue que nous n'étions pas très à l'aise. Nous sentions que nos moindres faits et gestes étaient observés, et cette rencontre manquait de naturel. De plus, nous étions tout en retenue car nous ne savions pas encore si Dimiod était vraiment en bonne santé, s'il ne souffrait pas d'une affection « cachée », même s'il avait l'air d'aller très bien.

Nous avons voulu lui faire faire quelques pas, mais il ne marchait pas encore. Il était très « château branlant » quand on le mettait debout, même en le tenant. Nous avions apporté une grosse abeille en peluche qui chantait des berceuses. Il l'a prise dans ses mains et, dès que la musique a commencé, il s'est mis à dodeliner d'avant en arrière comme un automate. Sans émotion visible. Impassible, il se balançait.

Forte de cette expérience, j'ai sorti l'arme de séduction massive : ma tablette tactile ! Je savais que Dimiod ne résisterait pas à l'envie de toucher cet objet insolite. J'avais téléchargé des applications qui reproduisaient un piano et une guitare. J'ai pris le petit dans mes bras, et je lui ai montré que, lorsqu'il touchait l'écran, les instruments jouaient. Nous avons alors découvert qu'il était vraiment sensible à la musique, car il s'est mis à se balancer de nouveau. Toujours sans rien laisser paraître de ses émotions. Comme un robot détectant les sons, il bougeait sur les notes. Ce que Laurence m'avait dit était donc vrai : les petits Russes étaient très tôt éveillés à la musique dans les orphelinats moscovites.

Nous savions que nous passerions peu de temps avec Dimiod et que nous ne le reverrions pas avant plusieurs semaines, alors nous l'avons « mitraillé » avec notre Smartphone. Son regard était interrogateur. Peut-être qu'il s'est senti agressé par cet objet ?

La première chose que voient les enfants aujourd'hui, ce sont ces petits rectangles noirs ou colorés. Ils se retrouvent tout le temps face à l'un d'eux. Que doivent-ils penser ? Les adultes leur parlent mais sont toujours munis de cet objet, ce Smartphone greffé à leur main.

Dimiod était fatigué. Très fatigué. Cet horaire correspondait à celui de la sieste, et ce petit bonhomme faisait de son mieux pour ne pas s'abandonner au sommeil.

Une heure après notre arrivée, la pédiatre que nous avions missionnée a fait son entrée. Svetlana, trente-cinq ans environ, cheveux courts blond vénitien, parlait français correctement. Elle avait effectué un stage d'internat à l'hôpital Necker, à Paris. Elle a rapidement déshabillé Dimiod pour l'ausculter. Il y en avait, des couches de vêtements à enlever ! En découvrant ce petit corps tout potelé, je n'eus aucune peine à croire qu'il était bien nourri et avait bon appétit, comme on me l'avait affirmé.

Après l'auscultation, la pédiatre nous dit qu'il faudrait faire faire quelques séances de kiné, car Dimiod manquait un peu de tonicité musculaire. Puis elle passa à l'étude de son dossier médical et à sa traduction, qui tenait sur une page. Elle établit aussi sa courbe de croissance.

Nous attendions le verdict avec une certaine anxiété. Mais le médecin nous confirma que l'enfant était en parfaite santé. Un poids s'envolait. Nous pouvions désormais regarder Dimiod avec des yeux de parents, comme nous en crevions d'envie depuis le début. Dès que nous l'avons vu, il a été notre fils. Qu'aurions-nous fait s'il avait eu un problème ?

Dimiod s'était endormi pendant que le médecin l'examinait et le manipulait dans tous les sens. Quand tout fut terminé, je l'ai pris dans mes bras. Il a ouvert un œil et s'est rendormi contre moi. Sa chaleur réchauffait tous mes sens de maman. C'était mon fils. Une nounou est venue me l'arracher quelques minutes après. Il a disparu avec elle dans les couloirs du bâtiment. Nous n'avons pas eu le droit de voir où il vivait ni où il dormait. Dur.

Nous sommes restés dans la pièce pour signer les papiers nécessaires à la poursuite de la procédure. Oui, nous acceptions d'être ses parents. Oui, évidemment ! Dimiod était déjà notre fils. Et c'était bien là tout le problème…

Comme par hasard, Vadim fit son apparition, l'air triomphant. Il attendait que nous ayons terminé pour récupérer son fric. C'était le deal, il ne touchait la première partie de son jackpot qu'après l'acceptation de l'enfant.

Jusqu'au dernier moment, nous nous sommes demandé si tout cela était légal, si Vadim n'avait pas interféré dans la procédure avec de la corruption ou d'autres agissements suspects. Mais maintenant nous étions rassurés. L'enfant était né à l'hôpital et tout était en règle.

Il n'empêche que nous avions quelques raisons de nous inquiéter avant d'avoir cette certitude. Les trafics démantelés dans plusieurs pays et les magouilles tout aussi sordides, comme la calamiteuse opération de l'Arche de Zoé au Tchad, en 2007, restaient ancrés dans nos mémoires. Ces faits divers et la médiatisation qui s'ensuit font beaucoup de mal à l'image de l'adoption internationale, alors qu'il s'agit d'affaires très marginales.

Pour nous, cependant, tout allait pour le mieux désormais. Notre enfant était bien né à l'hôpital, nous avions tous les certificats le prouvant. Sa mère biologique, d'origine ouzbèke et non kirghize comme on nous l'avait annoncé, a signé après l'accouchement les papiers légalement nécessaires pour que son fils soit confié aux services des adoptions. Elle savait donc qu'il serait adopté. Dimiod a passé un mois à l'hôpital, puis il a été placé dans l'orphelinat où nous nous trouvions. Tout avait été fait dans les règles, et pour nous, c'était le principal.

À partir du moment où les enfants entrent dans ce type d'institution moscovite, tout est contrôlé. Même si nous avons dû verser beaucoup d'argent à notre facilitateur pour qu'il nous représente, je ne pense qu'au fait qu'il y a un enfant sans parents et des parents sans enfant, et que ce trio est sain. Tout ce qu'il y a autour n'a rien à voir avec l'amour que l'on éprouve les uns pour les autres.

*

* *

Nous avons quitté l'orphelinat le cœur lourd de savoir que nous ne reverrions pas Dimiod avant longtemps. Vadim a demandé à Renaud de monter dans son 4 × 4 BMW noir rutilant pour le payer. Nous nous retrouvions encore dans une scène de film noir, pour lâcher enfin ces billets qui nous faisaient flipper depuis l'aéroport ! Intriguée, j'observais le 4 × 4 tout en discutant avec Anna. Et je me demandais ce qu'il pouvait bien se passer dans cette voiture, en sachant que Renaud ne parlait pas anglais. Les vitres étaient teintées, le mystère était entier.

Nous devions rentrer en France le lendemain. Après avoir regagné notre chambre d'hôtel, nous avons regardé inlassablement les photos de notre fils prises quelques heures plus tôt. Puis nous avons donné des nouvelles à la famille.

Nous n'avions pas de prénom à leur annoncer. Et sans prénom, nous ne voulions pas envoyer de photos. Alors nous nous sommes installés sur notre lit et avons fait une liste, où très peu de prénoms nous plaisaient à tous les deux.

De plus, lui trouver tout de suite un prénom était un risque, car nous avions encore une étape importante à franchir : le jugement russe. Tant que la Russie ne déclarait pas officiellement que nous étions ses parents, Dimiod n'avait aucun lien avec nous. Néanmoins, en signant les papiers à l'orphelinat, nous avions gagné quelque chose : si le traité interdisant l'adoption individuelle en Russie était ratifié par la France, personne ne pourrait arrêter notre démarche, puisque notre dossier était déjà déposé dans les institutions compétentes russes. Et ça, c'était un énorme soulagement car nous étions terrifiés depuis le début par cette épée de Damoclès.

Finalement, nous avons opté pour Pierre-Alix. Nous aimions Pierre et Alix, mais tous deux étaient trop fréquemment portés. Alors nous avons trouvé une solution pour faire de l'original avec du classique en les associant. Nous ne connaissions aucun Pierre-Alix ; ce prénom n'existait peut-être même pas.

Pour en avoir le cœur net, nous avons consulté Internet. D'autres avaient eu la même idée que nous, mais cela ne représentait que quatre ou cinq enfants par an.

J'ai aimé être la seule Perrine de ma classe, ou presque, durant toute ma scolarité, car mon prénom n'était alors pas très répandu dans mon école, nous étions trois tous niveaux confondus, alors qu'il y avait au moins trois Julie, trois Émilie et trois Aurélie par classe chaque année. Aujourd'hui, il n'y a plus beaucoup de bébés qui s'appellent Émilie ou Aurélie. La mode est passée. Mais elle reviendra, c'est sûr. Et l'on ne peut même que l'espérer, car je trouve que la foire aux prénoms inventés ou à l'orthographe douteuse vire vraiment au grand n'importe quoi ces temps-ci !

Renaud m'annonça qu'en plus ce prénom serait chargé de sens, puisque la marraine de Pierre-Alix serait ma petite sœur, Alix. Il m'en faisait la surprise car, pour moi, nous n'avions pas encore déterminé qui serait les parrain et marraine… Même si j'avais en effet proposé Alix, mais sans vouloir imposer à Renaud de choisir à nouveau quelqu'un de ma famille. Claire, ma cadette, était déjà la marraine de Timothée, et nous avions pris mon meilleur ami, Édouard, pour parrain. J'étais vraiment très heureuse que mon mari ait envie que ce soit Alix.

J'avais hâte de l'annoncer à ma sœur et d'ajouter que son filleul s'appellerait comme elle.

*

* *

Nous avions rencontré Dimiod/Pierre-Alix. Il ne nous restait plus qu'à plier bagage et à rentrer. Le lendemain, quand Youri est venu nous chercher pour nous reconduire à l'aéroport, nous lui avons offert une cartouche de Gitanes, comme les autres adoptants nous l'avaient conseillé. C'était un bon bougre, pas très intelligent, sûrement, mais sympathique. Cependant, je sais très bien que si nous n'avions pas payé, nous aurions passé un sale quart d'heure. Il était d'une fidélité inconditionnelle à Vadim depuis l'enfance. Le facilitateur avait senti la faiblesse du gars et compris qu'il serait facile de le manipuler.

À la fin de nos démarches, Youri a appris par un autre couple que Vadim ne lui donnait que le trentième de la somme que les adoptants lui versaient, alors que c'était lui qui s'occupait de toutes les démarches sur place et de toutes les conduites. Vadim ne faisait que passer des coups de fil aux bonnes personnes pour nous représenter en cas de problème (ce qui n'est pas rien, évidemment, puisque c'est cela qui débloque les situations, mais quand même !). Youri était dégoûté et vraiment en colère. J'aurais aimé savoir s'il s'est révolté…

– 20 –

ENCORE DES PAPIERS POUR LE JUGEMENT RUSSE

De retour à Saint-Quentin, il nous fallut attendre « l'invitation » (la convocation) du juge qui nous permettrait de revenir en Russie pour le jugement. La date serait fixée dans cette lettre. Sans elle, impossible de réserver quelque avion ou hébergement que ce soit. Mais, surtout, elle était nécessaire pour obtenir un visa à double entrée spécial adoption. Nous l'avons reçue quelques semaines plus tard, par courriel. Nous étions convoqués le 13 juin 2013. Manque de chance, il y avait dans l'invitation une erreur sur les dates que le visa devait couvrir, et il a fallu que Youri aille en demander une nouvelle au juge, ce qui nous a fait perdre encore une semaine. Quel bêta, celui-là ! Il aurait juste fallu qu'il relise le papier pour s'en apercevoir !

La bonne convocation et sa traduction en main, je me suis rendue immédiatement dans notre agence spécialisée dans les visas, à Paris, pour déposer notre dossier. Encore un aller-retour en train, un trajet en métro et pas mal de marche à pied avec, sur le dos, tous mes papiers que je protégeais toujours précieusement.

Arrivée à l'agence, hélas, nouveau problème : le tampon des autorités russes certifiant l'authenticité du document du juge n'apparaissait pas, et l'on m'annonça que, sans ce tampon, l'ambassade russe refuserait catégoriquement notre dossier. J'étais pétrifiée de stupeur et d'incompréhension. Je n'avais même plus la force d'être en colère.

Me voyant perdre pied, la dame de l'agence a fait preuve de toute l'humanité que l'on peut espérer dans ces cas-là. J'ai longuement parlé avec elle, comme à une amie. Elle en avait vu passer avant moi, des adoptants désespérés, et elle savait que la procédure en Russie était la plus difficile à vivre tant l'Administration demandait de précisions dans les papiers. Elle est sortie fumer une clope, je l'ai accompagnée et nous avons discuté sur le trottoir. Elle m'a promis que, dès que je lui enverrais la nouvelle convocation, elle ferait tout pour que cela aille très vite. Je n'avais plus besoin de revenir, je pouvais lui faire parvenir le document par mail.

J'ai senti chez elle une réelle compassion, qui m'a réconfortée un peu. J'étais tellement désemparée, j'en avais marre de toute cette tension, de toutes ces incertitudes. Et notre fils qui était à des milliers de bornes de nous. Cette procédure me semblait de plus en plus inhumaine.

C'est dans ces moments que je me dis qu'on nous prend vraiment pour tout sauf des parents. Qui oserait arracher l'enfant d'une femme qui vient d'accoucher ? Personne. Alors que les adoptants, on s'en fiche, ils s'en remettront !

Dimiod n'était même pas légalement mon fils et ne le serait peut-être jamais, mais moi je l'aimais déjà viscéralement, je pensais à lui sans cesse. Que faisait-il pendant que je courais dans tous les sens pour le sortir de là ? Que mangeait-il ? Est-ce qu'il était bien ? Nous n'avions aucune nouvelle et nous n'en aurions pas. J'avais aussi quelques angoisses du genre : nous ne l'avons pas entendu babiller ; et s'il était muet ? Ou : il ne s'est jamais levé tout seul ; il est peut-être en retard sur le plan moteur ?

Il fallait que cette procédure aboutisse et que nous tenions le coup. Nous avions une immense pression sur le dos. J'ai appelé Anna sur le chemin du retour pour lui expliquer l'histoire du tampon manquant. Elle m'a dit qu'il était bien sur l'original mais qu'il ne passait pas au scanner, car l'encre était trop pâle.

Anna avait du métier, et elle savait pertinemment en m'envoyant la convocation que l'on ne voyait pas ce tampon et que le document ne serait pas valide ! Je n'étais plus triste, j'étais furieuse. Je pleurais de rage dans la rue après avoir raccroché.

Mais qu'est-ce qui lui était passé par la tête ? Quand allait-on arrêter de jouer avec nos nerfs ?

Elle a immédiatement averti Vadim, qui a de nouveau sommé Youri d'aller récupérer une autre invitation du juge. Nous avons dû attendre encore une semaine de plus, car la juge n'était disponible que le jeudi et nous étions vendredi. Et j'ai enfin pu envoyer un document valable à ma copine des visas. La juge avait sûrement changé d'encrier. Bonne initiative.

Les visas adoption permettaient de passer quatre-vingt-dix jours sur place, avec deux entrées et deux sorties du territoire russe, contrairement aux visas touristiques, valables un mois seulement. Ces visas adoption incluaient le voyage pour le jugement et celui que nous ferions pour ramener l'enfant.

Parallèlement à l'obtention de ces visas, nous avions une liste de nouveaux documents à fournir alors qu'avant de partir pour la Russie nous avions déjà dû préparer un dossier extrêmement détaillé. Au moment de l'envoyer via DHL, je l'avais mesuré : il faisait trois centimètres d'épaisseur.

Mais cela ne leur suffisait pas. Il fallait maintenant que nous fassions établir des certificats médicaux par sept spécialistes : dermatologue, pneumologue, cancérologue, infectiologue, psychiatre, addictologue, neurologue, ainsi que par un généraliste, pour prouver aux Russes que nous étions tous les deux en bonne santé.

Nous devions ajouter à cela, entre autres, une attestation de ressources, une attestation de propriété, une attestation du conseil général comportant le revenu minimum vital d'une famille française de deux enfants… Chaque pièce devant bien évidemment être certifiée conforme et apostillée à la cour d'appel la plus proche. Avec un petit traitement spécial pour les certificats médicaux, qui devaient également être légalisés par le Conseil national de l'ordre des médecins, puis apostillés à la cour d'appel de Paris.

J'avais de quoi m'occuper ! Je n'ai pas fait une seule démarche sans stresser. Chaque fois que j'en avais terminé avec un document, j'éprouvais un grand soulagement, mais je replongeais dans le stress pour le suivant.

Des adoptants m'avaient dit que les certificats médicaux seraient les pièces les plus longues à réunir. Obtenir des rendez-vous chez tous ces spécialistes prenait du temps, mais, surtout, ils n'exerçaient pas tous dans les villes les plus proches de chez nous. En outre, j'avais toujours peur que le boulet d'avoir été « Cancéropolienne » nous empêche d'avancer, mais les « forumeurs » m'ont rassurée sur ce point. Plein d'ex-chauves étaient passés avant moi sans problème.

Cette fois-ci, nous avons eu une chance immense ! Nous avions un ami médecin dans un hôpital. Dès que nous lui avons parlé de ces certificats, il nous a proposé son aide. Nous sommes donc allés le voir, et il nous a trimballés en deux temps trois mouvements dans tous les couloirs de l'hôpital, directement dans les services des spécialistes que nous devions consulter.

Nous avons ainsi pu voir le même jour un pneumologue, qui nous a fait passer un test de souffle et les examens nécessaires à l'établissement du certificat, un cancérologue que je connaissais, ainsi qu'un infectiologue, un addictologue et un neurologue. Nous sommes aussi passés par l'indispensable prise de sang.

Mais ce n'était pas fini : il nous manquait la signature d'un dermatologue et d'un psychiatre, absents de l'établissement. Qu'à cela ne tienne, notre copain a appelé leur cabinet en ville et obtenu qu'ils nous reçoivent rapidement. Grâce à lui, nous avons réuni tous les certificats dans la même semaine.

Il fallait enfin qu'un médecin généraliste « chapeaute » le tout, et ce fut naturellement notre ami qui parapha la feuille où figurait la signature de tous les spécialistes. Je l'ai ensuite envoyée au Conseil de l'ordre des médecins, qui l'a légalisée et transmise lui-même à la cour d'appel de Paris. Le service des apostilles me l'a fait parvenir quelques semaines plus tard.

Pour les attestations de ressources et de propriété, c'est aussi une copine, travaillant avec son père notaire, qui nous a aidés, et cela est allé très vite. Elle a établi les attestations, puis nous a emmenés faire signer les papiers par le notaire directement dans l'immeuble où il se trouvait pour une visite d'appartement. Il a signé les documents sur les marches de la cage d'escalier. C'était plutôt cocasse !

Ce jour-là, je me suis autoproclamée « reine du piston ». Mais, attention, que ce soit pour les médecins ou pour le notaire, tout s'est déroulé dans les règles de l'art : les spécialistes nous ont tous fait passer les examens réclamés, et le notaire était le nôtre, il avait donc toutes les données nécessaires. Nous sommes juste… passés devant tout le monde !

Notre traductrice fut la première surprise de la vitesse à laquelle nous avions monté notre dossier. Nous l'avions bouclé en quinze jours, alors qu'Anna s'attendait à ce que cela prenne plus d'un mois. Elle n'avait jamais vu cela. Quel stress nous avions évité grâce à l'aide de chacun ! Merci les copains. Je pense qu'ils n'ont pas imaginé à quel point le service qu'ils nous rendaient avait pu nous soulager et diminuer notre angoisse permanente, tant cette étape peut se révéler fastidieuse pour les couples.

Nous n'avions plus qu'à attendre les visas, qui effectivement furent délivrés à la vitesse de l'éclair grâce à l'agence parisienne. Avec tout cela, nous avons pu procéder à la dernière étape, la plus facile mais néanmoins la plus coûteuse : réserver notre vol Air France.

*
* *

Arrivée prévue le dimanche 9 juin 2013. Jugement le jeudi 13 juin à 14 heures. Renaud repartirait le lendemain, et moi, je resterais une semaine de plus pour rendre visite quotidiennement à Pierre-Alix. Retour le samedi 22 juin, seule.

Nous avons réservé le même hôtel que lors du premier voyage. Après le départ de Renaud, j'habiterais chez Aline, une copine d'enfance travaillant à l'ambassade de France à Moscou. C'était elle qui m'informait depuis le début de nos démarches de l'évolution de la situation de l'adoption internationale en Russie. Pour le moment, l'adoption individuelle n'était pas menacée, puisque la ratification de l'accord entre la France et la Russie n'avait pas encore eu lieu. Mais un événement allait bientôt tout remettre en cause…

– 21 –

NOUVELLE MENACE INATTENDUE

En France, la promulgation de la loi sur le mariage pour tous autorisant l'union des couples homosexuels était imminente, et le mouvement du collectif La Manif pour tous prenait de plus en plus d'ampleur. En janvier 2013, les rassemblements dans Paris se sont multipliés, attirant inévitablement les médias internationaux, et bien sûr la Russie en a eu vent. C'est là que cela a commencé curieusement à nous poser problème.

Le moins que l'on puisse dire est que la « Sainte Russie » n'est pas un pays très ouvert sur le sujet de l'homosexualité, qu'elle a considérée comme un crime jusqu'en 1993, et comme une maladie mentale jusqu'en 1999…

Le mouvement s'intensifiant, certaines personnalités politiques russes ont commencé à remettre sérieusement en cause l'adoption internationale dans leur pays. L'adoption étant ouverte aux femmes célibataires et aux couples mariés, il se pouvait que des femmes homosexuelles adoptent, mais aussi, « pire », que n'importe quel couple de même sexe marié légalement en France puisse accueillir un enfant, puisque la loi russe autorisait les « couples mariés », sans plus de précisions. Et ça, c'était profondément inacceptable pour eux !

Nous n'étions pas concernés par cette éventuelle interdiction, mais nous étions français et nous pourrions subir des dommages collatéraux.

La loi sur le mariage pour tous a fini par être promulguée le 18 mai 2013 en France. Un mois avant notre passage au tribunal pour notre jugement à Moscou. Et nous avions très peur. Car même si notre dossier était déjà déposé dans les institutions compétentes russes, nous attendions encore le jugement définitif, et rien ne pouvait nous assurer qu'un juge russe, irrité par les nouvelles lois françaises, ne nous refuse le droit à l'adoption. Même si nous étions un couple traditionnel. Nous avions la sensation que nous pouvions basculer dans le vide si le moindre vent de colère des autorités russes se levait. Le souvenir de l'éviction soudaine des adoptants américains en représailles à un événement qui n'avait pourtant rien à voir avec l'adoption était encore très frais dans ma mémoire.

Le jugement, c'était évidemment l'étape la plus importante de tout le processus. Si le juge nous « recalait », ce serait fini. Plus de Dimiod/Pierre-Alix et adieu tous nos espoirs de second enfant. Il fallait que ça marche.

*
*   *

Toujours aussi fébriles, nous sommes repartis pour Moscou avec le reste de la somme destiné à Vadim.

Nous sommes arrivés le dimanche. Youri nous a accompagnés jusqu'à notre hôtel. Après avoir déposé notre trésor de pirates dans le coffre-fort, nous sommes allés déjeuner au Hard Rock Café, à côté de l'hôtel. C'était un peu notre quartier général. J'ai englouti trois kilos par fesse de malbouffe et suis allée cuver le Lexomil du voyage en plongeant dans un profond cauchemar. Quant à Renaud, il a regardé ses séries télé américaines en comatant à côté de moi. C'était devenu un rituel postatterrissage, finalement.

Le lendemain, lundi 10 juin 2013, nous devions rendre visite à Pierre-Alix, que nous appelions encore Dimiod entre nous puisqu'il ne répondait qu'à ce prénom pour le moment. Il avait désormais quinze mois. Est-ce qu'il aurait beaucoup changé ? Comment allait-il se comporter avec nous ? Allait-il nous reconnaître ? Tellement de questions sans réponse.

Départ pour l'orphelinat. Même scénario que la première fois : Youri nous a déposés, Anna nous a accompagnés, la gardienne en bleu nous a ouvert et a vérifié notre identité, nous avons signé les papiers de présence au bureau de l'assistante sociale et sommes allés attendre Dimiod dans le salon. Quelques minutes plus tard, on est venu nous prévenir qu'en fait le petit était dans le jardin. Il me semblait bien l'avoir aperçu à notre arrivée, avant d'entrer dans la cahute de la gardienne...

Une petite troupe d'enfants vêtus de lainages et de bonnets tricotés main plus affreux les uns que les autres jouaient dans une maisonnette en bois peint. Le parc était équipé de deux aires de jeux, avec des balançoires et des cabanes en plastique. Des préaux protégeaient les mêmes jeux d'extérieur que ceux que l'ont peut trouver en France. Quelques nourrices promenaient des bébés autour du bâtiment dans des landaus d'un autre âge.

Nous avons rapidement repéré Dimiod et nous sommes plantés devant lui. Il n'a pas voulu venir vers nous. Nous n'étions que de sombres inconnus, après tout. Il nous avait juste furtivement rencontrés à moitié endormi un mois auparavant.

Les nounous ont multiplié les efforts afin de le faire sourire et qu'il accepte de s'écarter du groupe avec nous. Je l'ai pris sur mes genoux pour faire « à dada », et cela l'a amusé. Premier éclat de rire et premiers babillages. Nous avons entendu sa voix ! Ouf, il n'était pas muet !

L'entrevue fut de courte durée : c'était l'heure de la sieste et les enfants ont dû regagner le bâtiment. Mais nous étions déjà très heureux d'avoir vu Dimiod et que cela se soit bien passé.

Nous sommes repartis le cœur léger. Cette bouffée d'oxygène nous avait fait le plus grand bien. Anna nous a raccompagnés à pied jusqu'à la station de métro la plus proche de l'orphelinat, pour que le trajet s'imprime dans notre mémoire : le lendemain, nous devrions revenir seuls. Ce n'était pas si simple, car dans ce quartier toutes les ruelles et tous les bâtiments se ressemblaient. Je pris tout le trajet en photo avec mon Smartphone pour nous aider à reconnaître les lieux car je ne me faisais pas trop confiance : les engrenages de la machine censés faire fonctionner le sens de l'orientation m'avaient été livrés déjà rouillés à la naissance.

Nous sommes passés par un marché de quartier très sympa. La vraie Russie vivait sûrement là. Ce peuple que j'apprendrais à découvrir au fil de mes visites. Celui qui souriait dès qu'on prenait le temps de le connaître, malgré des conditions de vie parfois très difficiles.

Nous sommes retournés voir Dimiod le lendemain et le surlendemain. À chaque fois qu'il nous voyait arriver, il pleurait. Mais ce n'était pas un vrai chagrin, plutôt des larmes de crocodile malicieux, accompagnées d'un cri semblant nous défier : adopte-moi si tu peux ! Nous avions affaire à un petit bonhomme au caractère bien trempé. Les nounous nous le confirmèrent.

*

* *

« C'est pas grave, t'as qu'à adopter… »

Et puis le jour tant attendu arriva. Nous avions reçu la veille un SMS d'Anna nous annonçant que la séance était avancée et que le jugement aurait lieu à 9 heures du matin.

Nous étions prêts aux aurores. Vêtus très élégamment. Youri est arrivé bien à l'heure et nous sommes partis pour une virée dans Moscou jusqu'au tribunal.

Ce bâtiment imposant, d'architecture moderne, tranchait avec tous les austères immeubles staliniens. Quelques personnes attendaient, assises sur des bancs autour d'une fontaine. Nous les avons rejointes car, comme d'habitude, la blonde Anna était en retard.

Quand elle est arrivée, nous sommes entrés dans le tribunal en passant par un portique de sécurité. Pourvu qu'il n'y ait pas de fouille au corps ! C'est que nous étions blindés de fric pour Vadim-les-dents-en-or. Le facilitateur n'était pas là, mais nous savions qu'il rôdait et apparaîtrait après le jugement, comme par magie, pour récupérer son dû. On n'a pas subi de fouille, c'était un contrôle comme en France, il fallait juste retirer sa ceinture au passage et montrer son portable.

Nous avancions avec beaucoup d'appréhension, les mains moites et les neurones embués. Ce même jour, jeudi 13 juin, la Douma, la chambre basse du parlement de Russie, discutait du sort à réserver en matière d'adoption à la France et aux treize autres pays ayant légalisé le mariage pour tous. On ne pouvait pas mieux tomber !

– 22 –

JUGEMENT À LA RUSSE

À l'appel de notre nom, c'est l'angoisse au ventre que nous avons franchi la porte de la salle d'audience. C'était la première fois de notre vie que nous pénétrions dans un tel lieu. C'était tellement bizarre de se retrouver là, sur ce banc, pour être jugés au même endroit que des criminels...

La salle était fidèle à ce que l'on voyait dans les films : des bancs en bois et la fameuse barre. Face à nous, une juge aussi austère que sa tenue, et à notre gauche, la greffière. Renaud était le seul émetteur de testostérone de la salle. Cela ne me rassurait pas : je sais combien les femmes peuvent être redoutables.

La veille, Anna nous avait fait parvenir un texte sur Dimiod à apprendre par cœur. Renaud le maîtrisait parfaitement ; moi, un peu moins. Trop stressée pour apprendre tout ça :

Maladies que l'enfant a eues depuis la naissance : hypoxie du système nerveux central ; jaunisse conjuguée ; syndrome d'hyperexcitabilité ; otite une fois ; parapharyngite deux fois.

Diagnostic principal : séquelles de la lésion périnatale du système nerveux central de la genèse hypoxique et ischémique ; prématurité de trois-cinq semaines ; syndrome du retard psychomoteur ; syndrome de la dystonie musculaire ; fenêtre ovale ouverte ; petites anomalie du développement du cœur – cordes ectopiques du ventricule gauche sans troubles de la circulation sanguine ; rachitisme du deuxième degré, évolution subaiguë. Recommandations : suivi par un pédiatre, un neurologue ; massages ; thérapie cardio-symptomatique.

Qu'on se rassure : ce diagnostic pathétique n'était que poudre aux yeux ! Dimiod n'avait rien de tout cela mais, pour devenir adoptables par des étrangers, les enfants devaient avoir été proposés à des familles russes, qui à la lecture d'un tel bilan de santé ne répondaient pas à l'appel. Avec ce diagnostic, les enfants resteraient à coup sûr à l'orphelinat et pourraient nous être proposés.

Je pense, peut-être à tort, que les médecins de l'orphelinat gratinaient bien le dossier pour favoriser l'adoption internationale. Tout cela n'était que du théâtre. Le rachitisme au deuxième degré, surtout, m'avait fait sourire quand on savait, pour l'avoir vu, comme le bonhomme se portait bien. Même s'il n'était pas gros, il était potelé comme n'importe quel enfant bien nourri. Heureusement, Anna nous avait prévenus de l'absurdité de ce texte et expliqué qu'il ne fallait surtout pas nous inquiéter. La pédiatre, en lisant cela dans le dossier, nous avait aussi rassurés.

La juge a d'abord présenté l'affaire, nous rappelant qui nous étions au cas où nous l'aurions oublié. Puis elle est passée au dossier de Dimiod, et enfin à l'interrogatoire. Nous avons été appelés chacun à son tour à la barre. Même si nous n'avions évidemment rien à nous reprocher, nous avons vraiment eu l'impression qu'on allait nous mettre des menottes et nous envoyer moisir en taule. Franchement, nous ne faisions ni les malins ni les fiers. Nous étions en Russie !

C'est Renaud qui est passé le premier. Je le sentais hyper stressé, il transpirait alors qu'il ne faisait pas chaud. Heureusement, c'est à lui qu'on a posé la question du dossier médical. Alors qu'il connaissait tout par cœur, avec le stress, il a confondu les maladies et a mélangé les mots. Mais ce n'était pas grave, car Anna traduisait et elle connaissait très bien ce texte, qui était pratiquement le même pour tous les enfants adoptés.

Quand mon tour est venu, j'ai été interrogée sur nos revenus et nos ressources, ce qui était le domaine de Renaud. C'était lui qui s'en était occupé avec le notaire, alors je n'ai pas su répondre précisément, je pense que, les yeux ronds, j'ai peut-être dit n'importe quoi, tandis qu'Anna a « traduit » en répétant ce qui figurait dans le dossier.

Pendant toute l'audience, jamais un sourire de la juge, encore moins de la greffière. Nous ne pouvions vraiment pas savoir ce qui nous attendait, car les Russes ne montrent pas leurs émotions, ou en tout cas pas ceux que j'ai rencontrés. Notre dossier était parfait, il n'y avait pas de raison que cela coince.

L'audience terminée, pourtant, nous avons senti que ça « s'embrouillait » côté russe. Anna discutait un peu trop à mon goût avec la juge, je la voyais consulter encore et encore tous ses papiers. La directrice de l'orphelinat et l'assistante sociale, qui avaient noté toutes nos visites, étaient présentes aussi et prirent part à la conversation. Un vent de panique soufflait.

Nous sommes sortis avec Anna sans savoir ce qui se passait. Nous avons attendu dans la salle des pas perdus avec elle et Youri. Anna discuta avec Youri, qui se rendit immédiatement dans la salle du jugement pour parlementer avec je ne sais qui. À ce stade, nous n'avions toujours aucune info. Quand Youri est revenu, il a fait un signe de tête négatif à Anna, puis ils ont à nouveau discuté, sur ce ton monocorde qui ne laisse rien transparaître : ni la joie ni la peur, encore moins la tristesse. Après quelques longues minutes, Anna nous a enfin expliqué. Et la terre s'est écroulée sous nos pieds !

– 23 –

SEULE À MOSCOU

Le jugement avait été ajourné ! La juge avait tout fait pour que le jugement ne soit pas rendu. Expliquer pourquoi serait trop long. Anna nous a dit que la raison de cet ajournement était ubuesque : la juge demandait une pièce administrative manquant au dossier que les couples avant nous n'avaient jamais eu à fournir.

Nous étions déconfits. Désespérés. Bien sûr, Vadim le bling-bling n'était pas apparu pour récupérer la dernière ponte de sa poule aux œufs d'or… Hors de question, d'ailleurs, de lui lâcher ne serait-ce qu'un seul des billets qui dépassaient de nos poches.

À ce moment-là, nous nous sommes dit que nous étions définitivement les couillons de service. Pas de bol, nous étions *le* couple français qui passait au tribunal en pleine discussion sur le mariage pour tous, et surtout les juges avaient pour consigne de ne plus rendre de jugements positifs aussi régulièrement pour les étrangers adoptants. Ils devaient tergiverser.

C'est en tout cas ce que nous ont dit Anna et Vadim. La vérité, nous ne la connaîtrons jamais.

Ajourné, mais à quelle date ? Au 9 juillet, le temps de régler le pseudo-problème. Aussi bizarre que cela puisse paraître, notre présence n'était pas obligatoire lors de ce second passage de notre dossier au tribunal. Nous avions fait savoir à la juge que nous avions un visa adoption et que nous n'avions le droit qu'à deux entrées et sorties. Nous venions d'en griller une pour venir dans leur théâtre, et la seconde était destinée au dernier voyage, celui où nous ramènerions Pierre-Alix en France. Elle en avait peut-être tenu compte.

Tout ça pour nous retrouver une fois de plus dans notre chambre d'hôtel, à déprimer, dans l'incompréhension la plus totale. Et la famille qui attendait la bonne nouvelle ! J'ai envoyé tout le monde paître ce jour-là. Nous nous sommes occupés de nous, et comme à chaque fois nous avons terminé au Hard Rock Café, à manger des *nachos* et des tortillas au fromage fondu… Auxquels nous avons ajouté des *fajitas* de bœuf et de poulet. Nous nous gavions comme des oies. Nous buvions à notre désespérante situation.

En 2013, j'ai pris dix kilos dus au stress et, à vrai dire, je m'en fichais. Je n'étais pas complexée, je ne me suis pas vue grossir. Je ne pensais qu'à gagner la bataille, et c'était tout. Surveiller mon poids ou mon apparence me paraissait bien futile. Tous les moyens étaient bons pour tenir le coup.

Je ne bois pas beaucoup, je ne fume plus, alors quand je stresse, je dévore.

Et je n'avais pas fini de stresser, car le pire était à venir : j'allais me retrouver seule à Moscou dès le lendemain, à devoir aller rendre visite à Dimiod tout en sachant que ce n'était peut-être plus mon fils. J'ai voulu repartir avec Renaud, mais Anna m'en a dissuadée, arguant que ce serait plutôt bien que l'on puisse voir toutes mes visites notées dans le dossier destiné au tribunal. Soit. Comme d'habitude, quel autre choix que d'obéir ? Anna avait raison. Et j'ai accepté, la mort dans l'âme.

Quelques jours après notre premier jugement, le 21 juin 2013, la loi interdisant l'adoption des enfants russes par les célibataires et les couples homosexuels entra en vigueur pour les quatorze pays ayant légalisé le mariage pour tous. Un événement dramatique pour les femmes et les enfants qui avaient déjà créé des liens sur place et qui ne pourraient plus aller au bout de la procédure. Nous étions très émus de lire leurs messages désespérés sur les forums, car nous pouvions facilement nous mettre à leur place : c'était notre pire crainte. Ce sont ces femmes et ces enfants qui ont pris de plein fouet les conséquences du ramdam de la Manif pour tous selon les uns, ou de la loi sur le mariage pour tous, selon d'autres.

*
* *

Le lendemain, Youri est venu chercher Renaud pour l'accompagner à l'aéroport et m'a déposée avec mes valises chez ma copine Aline. Celle-ci avait été l'une des premières à savoir que le jugement s'était mal passé. Tout comme la fille des visas, elle était d'une gentillesse et d'une douceur réconfortantes.

Seulement, j'étais vraiment inconsolable. Je ne pleurais pas, j'étais dans une colère noire. Une colère intérieure, car je ne pouvais pas crier. J'aurais voulu être au sommet d'une montagne et hurler pour crever le silence du vide. Évacuer toute la hargne accumulée contre l'Administration russe, qui nous prenait pour des cons depuis le début, contre nos intermédiaires, contre la Terre entière.

J'expliquai via Skype à mon petit Timothée, alors âgé de quatre ans, que nous allions devoir refaire deux voyages avant que son frère n'arrive et que Pierre-Alix ne serait pas là de sitôt. Puis j'ai appelé maman, avec qui j'ai parlé longtemps, m'accrochant à elle comme à une bouée de sauvetage.

J'avais le week-end pour me reprendre et être d'aplomb pour aller voir Dimiod, qui lui n'avait rien demandé à personne. D'autant qu'il était très heureux dans son orphelinat, il ne manquait de rien. Je constatais sa joie de vivre au fil de mes visites. C'était le rigolo de service.

J'ai passé les huit jours suivants seule, car Aline était rentrée en France. Et ce fut l'une des pires semaines de ma vie. Je me suis sentie complètement abandonnée à mon triste sort à Moscou, livrée à moi-même. Seule, terriblement seule. Heureusement pour moi, j'avais tiré des leçons du premier voyage et appris à déchiffrer l'alphabet cyrillique. Ce qui était bien utile dans le métro, car je passais ma vie dedans, entre les visites à l'orphelinat à l'autre bout de la ville, les courses et l'appartement d'Aline.

Je me paumais déjà dans ma rue en France, alors dans une capitale inconnue, c'était permanent. Chaque fois que je prenais un souterrain, je me retrouvais à l'opposé de l'endroit où je devais aller. Je reprenais le souterrain, et je ressortais dans une rue à des kilomètres de la bonne ! Parfois, je désespérais. J'étais tellement nulle en orientation qu'un jour je suis descendue d'une rame, j'ai suivi les panneaux souterrains en cyrillique pour sortir de la station, et en fait j'ai atterri tellement loin que j'ai fait une heure de marche dehors pour retourner à la station de métro où j'étais descendue, car c'était mon unique repère pour retrouver l'appartement. Quand Aline est revenue et que je lui ai raconté mes escapades, elle m'a écrit le mot « Sortie » en cyrillique. Si j'avais su cela plus tôt ! Évidemment, ce panneau était partout, mais je n'avais jamais cherché à le déchiffrer et, pensant qu'il indiquait le nom d'une autre station qui ne m'intéressait pas, j'allais systématiquement dans la direction opposée.

Moscou est un gruyère, il y a une ville sous la ville. Même pour traverser les rues, il y a des souterrains partout. Le trafic est tellement dense que risquer de rejoindre à pied l'autre côté d'une grande artère est suicidaire. Aline a dû m'apprendre comment procéder en l'absence de tunnel, car les touristes se faisaient régulièrement faucher. Les Russes sont des fous du volant. Et nous qui avions peur des Mobylettes au Vietnam ! Au moins celles-ci ralentissaient (un peu) en nous voyant approcher…

J'ai fini par avoir bien en tête le chemin jusqu'à l'orphelinat, et au bout de quelques jours, je connaissais le quartier comme ma poche. À la sortie du métro, je passais devant la station essence, puis par le marché, je continuais tout droit, prenais à droite, à gauche, et j'arrivais devant la porte de l'orphelinat.

De la première à la dernière fois où je suis allée le voir cette semaine-là, dès qu'il m'a vue approcher, Dimiod a pleuré. Je n'étais déjà pas très en forme, mais ses larmes m'ont totalement abattue. Je finissais par me demander si le combat valait la peine d'être mené. Je me disais que cet enfant me rejetait carrément, qu'il ne voulait pas de moi. Il n'entendait pas mon cœur lui crier adopte-moi !

J'arrivais toujours à 13 heures et j'avais le droit de rester jusqu'à 15 heures, moment de la sieste. Les gamins étaient réglés comme des métronomes. J'avais sympathisé avec deux nounous bienveillantes à mon égard. Elles ne parlaient que le russe, évidemment, alors nous communiquions par gestes, par le regard, par le dessin.

Cette semaine a été d'une tristesse accablante. Néanmoins, elle m'a permis d'apprendre à connaître une partie du peuple russe, pauvre, mais d'une gentillesse absolue. Rien à voir avec les Russes bling-bling comme Vadim. J'étais face à ceux qui survivaient et qui déploraient sincèrement que tant d'enfants puissent se retrouver dans des orphelinats. Anna m'avait dit que les couples russes qui adoptaient ne le disaient pas à leurs proches et faisaient comme si l'enfant était biologique. Adopter ne donnait pas une bonne image d'eux.

Une nounou m'a tendu un bébé de quelques mois en me suppliant de l'adopter. Le petit montrait tous les signes du syndrome alcoolique fœtal et, de toute façon, je ne pouvais pas adopter d'autres enfants. Mais quelle tristesse quand même !

Chaque fois que je venais voir Dimiod, une petite fille de l'âge de Timothée voulait nous accompagner. J'emmenais toujours Dimiod à l'écart, pour que nous puissions nous balader seuls tous les deux et essayer de nous apprivoiser. La petite voyait que je m'occupais bien de lui et lui offrais chaque jour de nouveaux jouets, et elle aurait bien aimé en profiter aussi. Je ne savais pas comment me comporter avec elle. Cette mignonnette, blonde aux yeux bleus, me regardait si intensément ! Elle me suppliait de la prendre avec moi. J'avais tellement pitié d'elle. J'étais complètement impuissante. Je la laissais s'amuser avec les jouets de Dimiod, évidemment, mais les nounous la rappelaient pour qu'elle nous laisse tranquilles. Elles n'avaient pas tort non plus, j'avais besoin d'être seule avec mon « peut-être-fils » pour apprendre à le connaître. Je parvenais quand même à l'intéresser en lui apprenant à marcher. Il a fait ses deux premiers pas devant moi. Je réussissais aussi à le faire rire en le chatouillant. Il se blottissait facilement contre moi…

Dans ces moments-là, la même chose qu'avec Timothée se passait. Je le reniflais comme une femelle flaire son petit, je le serrais fort contre moi. Il était impossible que Dimiod ne devienne pas Pierre-Alix. Même s'il pleurait à mon arrivée, il s'endormait souvent dans mes bras à la fin de ma visite.

Parfois, pourtant, je vivais un enfer avec lui, car il n'était pas de bonne humeur et passait les deux heures à chouiner. Dans ces cas-là, je tentais de le calmer en l'asseyant dans un landau pour le balader autour de l'orphelinat. J'avais aussi une autre arme de séduction massive, mais je me suis fait attraper comme une bleue dès la première utilisation. Je lui avais apporté des biscuits. Quoi de mieux comme attrape-bébé ? Mais ce gourmand en a mangé plein et a mis des miettes partout sur son horrible pull tricoté. Du coup, les nounous ont vu que j'avais nourri l'animal alors que l'on n'en avait pas le droit. L'une d'elles m'a passé un sacré savon, mais j'ai fait mine de ne pas comprendre ce qu'elle racontait. Je faisais l'idiote aussi quand on me reprochait de ne pas avoir ramené Dimiod à 15 heures pile. Je me cachais avec lui dans un coin du parc pour qu'elles ne nous voient pas au moment où elles faisaient rentrer les enfants du jardin.

Un jour, j'ai tellement tardé que je me suis retrouvée dans le bureau de l'assistante sociale, qui m'a clairement expliqué que je devais rendre l'enfant à l'heure. J'ai continué de jouer à l'idiote.

Tu parles que je ne comprenais pas ! Cela m'a rappelé mes années d'internat, quand je ne respectais pas les règles, me faisais chopper et jouais ensuite les ingénues de service. Je pouvais bien être convoquée dans son bureau, je m'en fichais, j'avais mon « bonus time » de Dimiod. C'était la seule chose qui comptait. On n'allait pas m'emprisonner pour ça.

Quand Dimiod avait été désagréable, je rentrais déprimée chez Aline. Quand il avait été de bonne humeur, je me sentais légère. Je vivais à travers lui, sauf que j'avais tout le temps la peur au ventre à l'idée que le prochain jugement soit négatif. J'étais bien trop impliquée maintenant. Je savais qu'il y avait beaucoup d'histoires d'adoptants qui, après avoir rendu de nombreuses visites à leurs enfants et fait plusieurs voyages, s'étaient vu refuser l'adoption pour tout un tas de raisons, en Russie comme dans d'autres pays. C'était horrible. Je pouvais imaginer la détresse dans laquelle ils plongeaient ensuite. Encore une fois, c'est comme retirer un nouveau-né contre son gré à une femme une semaine après son accouchement. Les liens existent, c'est charnel, c'est animal, c'est simplement maternel.

Renaud, ma famille et mes proches amis tentaient de m'aider via Skype à supporter la solitude et la déprime. Cela ne devait pas être facile pour eux de me savoir seule dans une ville étrangère si lointaine alors que je ne parlais pas un mot de russe. Les clichés sur la Russie ne sont pas toujours rassurants. Ils n'étaient pas tranquilles. Mais finalement je ne me suis jamais sentie en insécurité à Moscou. Je le suis beaucoup plus à Paris, notamment dans le métro. Je me suis baladée partout, en centre-ville comme en banlieue, sans jamais être importunée par des hommes malintentionnés ou des gens qui quémandaient de l'argent en me suivant partout. Je me fondais dans le paysage.

*
* *

Lors d'une visite – j'étais arrivée à l'orphelinat à 13 heures, comme d'habitude –, la gardienne du temple s'est renseignée pour savoir où était Dimiod, car les enfants n'étaient pas dehors. Une nounou est alors descendue et m'a expliqué en russe qu'il n'était pas là. Je n'ai rien compris, évidemment. Alors elle m'a fait des gestes, me montrant ses dents puis l'horloge pour me dire qu'il reviendrait dans quelques heures. Dimiod était donc parti chez le dentiste, à quinze mois. D'accord… Mais vous n'auriez pas pu prévenir ? Elle m'a emmenée dans la grande salle où nous avions rencontré Dimiod la première fois, et m'a fait signe de m'y installer.

Je me suis assise dans un canapé en cuir. Et j'ai attendu. Je n'avais emporté ni ma tablette ni mon Smartphone. Je n'avais rien à lire. L'ennui. L'ennui. L'ennui. Les minutes s'écoulaient avec une lenteur insupportable, et je ne pouvais rien faire pour tuer le temps.

Déformation non professionnelle oblige, cela me rappelait les longues heures que je passais à l'hôpital en attendant mes poches de plaquettes sanguines, toute la journée dans un fauteuil sans distraction. À cette différence près que je pouvais quand même discuter avec ma mère ou les autres patients, alors qu'en Russie, il régnait dans la pièce un silence monacal. En plus, je n'avais pas déjeuné. Je mangeais toujours en rentrant de ma visite à l'orphelinat.

Au bout de trois heures d'attente, j'ai craqué et quitté l'orphelinat un moment pour aller m'acheter quelque chose à grignoter dans le coin. Je me souvenais d'un mini-KFC à la sortie du métro. Au moins, là-bas, je pourrais commander quelque chose grâce aux photos des plats. J'ai prévenu les cerbères de l'orphelinat que je partais une bonne demi-heure.

Au KFC, j'ai commencé par le plus simple : une frite. Eh bien, la serveuse n'a pas compris. J'avais beau lui montrer la photo et faire le chiffre un avec mon pouce pour préciser la quantité, elle ne réagissait pas.

Il y avait foule derrière moi, et les jeunes qui m'entouraient avaient quant à eux parfaitement compris ce que je désirais. Sympas, ils l'ont expliqué à la serveuse. Ouf, j'allais bien être titulaire d'une portion de frites. Mais je n'ai pas osé commander autre chose.

Au moment de payer, j'ai sorti ma carte bancaire. Cela n'a pas plu du tout à la dame, qui m'a signifié sans sourire qu'elle ne prenait pas ce moyen de paiement pour si peu – en tout cas, c'est que j'ai compris. Je lui ai montré que je n'avais rien d'autre en retournant mes poches de jean, et j'ai pris un air désolé en faisant mine de devoir abandonner mes frites.

Je n'avais même pas terminé mon mime qu'un jeune garçon d'une quinzaine d'années qui avait tout compris tendait un billet à la caissière. J'étais… estomaquée ! Je l'ai remercié mille fois en russe – merci étant l'un des seuls mots que je maîtrisais. Il a eu l'air de trouver cela tout à fait normal de me donner ces quelques roubles pour payer mes frites. Pourtant, j'étais dans un quartier très pauvre de Moscou, et ce jeune homme et sa famille ne devaient pas rouler sur l'or. Aline m'apprit par la suite qu'elle n'était pas étonnée et que cela lui était arrivé plusieurs fois, c'était dans leur culture. Pas sûr que la même chose se produise souvent en France…

Si l'on récapitule : dans le métro, les Russes sont très respectueux les uns des autres ; en ville, ils aident naturellement leur prochain en lui tendant un billet quand il est dans la mélasse. Et ce sont eux que l'on prend chez nous pour des rustres et des gens mal éduqués ?

Néanmoins, je dois quand même le reconnaître : ils n'ont aucun savoir vivre à table. Franchement, c'est une ca-tas-trophe. Les bonnes manières au restaurant et dans les hôtels, ils ne connaissent pas. Ils sont affalés sur les tables au restaurant, déjeunent le nez dans leur assiette… Bref, en terme de maintien, il y a mieux.

J'ai avalé mes frites sur un parking, assise par terre entre deux voitures. À mon retour à l'orphelinat,

Dimiod n'était toujours pas rentré. Les nounous m'avaient promis que j'aurais le droit de le voir même au-delà de 15 heures sonnantes. Il est arrivé à 17 heures. Quatre heures d'attente sans que personne n'ait eu pitié de moi, assise dans le parc et dans leur salon depuis tant de temps. Aux yeux de la directrice, j'avais l'impression d'être une crotte que l'on ne voit que lorsque l'on a le pied dedans. Jamais celle à qui l'on pourrait simplement ôter le « d » de « merde ».

On m'a mis Dimiod dans les bras comme on livre un colis. Le petit était fatigué, je voyais bien qu'il ne tiendrait pas longtemps avant de sombrer dans le sommeil. J'ai quand même essayé d'observer ses dents, car je n'avais pas trop compris le problème. Mais je n'ai rien vu de particulier. J'ai appris plus tard que l'on suspectait quelque chose sous la langue. Soit.

Nous avons joué un peu, mais, comme je m'y attendais, Dimiod s'est rapidement endormi dans mes bras. Il était blotti contre moi et, pour que les nounous ne le voient pas, je suis allée me réfugier à l'arrière de l'orphelinat, à l'abri des regards. Je me suis assise sur un banc et je l'ai bercé pendant un très long moment. Cela me suffisait. J'avais attendu quatre heures pour le sentir paisible contre mon sein, mais ces douces minutes avaient tout effacé.

À la tombée de la nuit, une nounou a fini par venir me trouver et me dire qu'il fallait que le petit rentre. Comme Dimiod s'était assoupi sur moi, je l'ai accompagné jusqu'à son étage. Il s'est réveillé, tous les autres enfants dormaient déjà. Il n'y avait plus qu'une seule nounou, alors j'en ai profité pour lui demander si je pouvais entrer et visiter la pièce de vie et le dortoir attenant. Elle m'a souri et, sans un mot, m'a fait signe que oui. Finalement, à quoi sert le langage ?

J'ai alors découvert une salle qui n'avait rien à envier aux crèches françaises. Elle contenait tous les jouets imaginables, un coin télévision, avec des petits sièges, des trotteurs, de la musique, bref tout ce dont un enfant peut avoir besoin. Le sol et les murs étaient couverts de matériaux modernes et très bien entretenus, rien à voir avec les couloirs vieillots de l'orphelinat.

Quant au dortoir, contrairement à celui de Timothée au Vietnam, il n'hébergeait qu'une dizaine d'enfants, dans des lits en bois semblables à ceux que les particuliers achetaient en France. J'étais stupéfaite. Je n'aurais jamais imaginé un tel standing. Dimiod ne manquait effectivement de rien sur le plan matériel.

C'était un petit bonhomme de nature heureuse, de toute façon. Il ne manquait pas d'attention non plus de la part des nounous, bien au contraire. En Russie, les enfants sont rois. Une nounou s'était même autoproclamée en riant « maman de Dimiod ». Ils étaient très complices. Quand je les avais vus ensemble, je m'étais dit que pour lui c'était super, que nous allions avoir un petit garçon sans profonde blessure due à un manque d'amour et d'attention.

J'ai poursuivi ma visite en filmant tout ce que je voyais. Ce serait tout ce que nous aurions à lui montrer de sa vie avant nous. La nounou m'a laissée la regarder le changer et le laver, je suis même restée pendant qu'il buvait sa soupe. S'il avait pu, il aurait dévoré le bol tellement il avalait vite. C'est sûr, il mangeait bien ! Chaque seconde passée dans ce lieu était un trésor sacré. Mais la nounou est allée le coucher, et j'ai dû partir.

Dimiod s'en fichait un peu de moi, je n'ai pas eu droit à un au revoir, ni même à un regard. L'attachement n'était pas encore là. C'était dur mais finalement tellement normal. J'étais une étrangère dans son univers bien feutré et sa vie bien réglée. J'étais un élément perturbateur. Quand il me voyait arriver et qu'il pleurait, c'était parce qu'il savait que je venais pour l'arracher à son quotidien quelques minutes ou quelques heures. Pour lui, les nounous étaient ses mamans, pas moi. Il n'avait pas besoin de moi. Je le comprenais, bien sûr, mais de temps en temps, j'étais accablée, pensant qu'il ne m'aimerait jamais, et j'essayais de me protéger en me disant que moi non plus. Mais j'en étais bien incapable.

*
* *

Je vis arriver le jour du retour en France avec un certain soulagement. Mes émotions, entre l'échec du jugement et les visites à l'orphelinat, dont je revenais tantôt heureuse, tantôt désespérée, m'avaient épuisée. Je sentais que j'étais proche de la crise de nerfs tant j'étais tendue. L'humour et l'autodérision dont je faisais toujours preuve m'avaient abandonnée. Calimero était de retour.

Youri m'a raccompagnée à l'aéroport. J'ai dû repasser la sécurité et la douane avec des billets plein les poches, en Russie comme en France.

Puis j'ai enfin retrouvé mon mari et mon fils adoré, qui lui m'aimait déjà de tout son cœur. Nous nous étions tellement manqué. Quinze jours sans sa maman, c'était très long pour un petit de quatre ans. Surtout qu'il savait que je passais du temps avec un autre enfant. Je l'ai serré dans mes bras très fort, comme si j'avais voulu qu'il entre en moi. Ma nervosité s'est un peu apaisée.

– 24 –

GLISSEMENT DE TERRAIN

Le 9 juillet, nous attendions fiévreux les résultats du jugement par courriel, même si l'on nous avait dit que ce serait bon et que la juge fixerait la date à laquelle nous pourrions venir chercher Dimiod. Chaque minute de cette journée fut une minute élastique qui s'étirait, s'étirait…

Enfin, la libération ! Le courriel d'Anna tomba dans ma boîte. Mon cœur palpitait…

Jeudi 9 juillet 2013.

Bonjour Perrine,

L'audience est ajournée au 1er août (14 heures), et le juge veut vous voir. Selon Vadim, le procureur va demander à la juge qu'elle dise oui « dans l'intérêt de l'enfant », et celle-ci est en principe d'accord.

J'ai demandé pourquoi elle veut vous voir. Vadim ne sait pas.

Cordialement,

Anna.

À la lecture de ce message, une fois n'est pas coutume, nous nous sommes effondrés. Voici ce que j'ai écrit ce jour-là sur le blog que je tenais et qui s'adressait à la famille et aux amis, tous impatients de pouvoir boire un coup pour arroser le jugement.

> *Sujet : Soleil noir*
>
> *Mail de notre traductrice ci-joint. Merci de ne plus nous poser de questions et de dire autour de vous que l'on ne veut plus qu'on nous parle de ça. Il y a le ciel, la terre, la mer, et on se situe à peu près mille bornes sous la mer.*
>
> *Passez de bonnes vacances* (suivi d'un smiley en pleurs).
>
> *Perrine et Renaud*

J'ai pleuré des heures dans mon bureau. Je me sentais submergée par les larmes, j'écopais comme je pouvais, mais la journée ne suffirait pas. Ma tristesse était immense, ma déception, ma révolte et ma colère étaient insondables. Je plongeais dans le noir. Nos émotions étaient exacerbées par ces mois de stress accumulé. Finalement, je n'avais jamais vraiment pleuré jusqu'à ce jour. J'appelai aussi Laurence pour lui demander ce qu'elle en pensait, puisque c'était elle qui nous avait conseillé Vadim. Je voulais savoir si c'était déjà arrivé à d'autres couples.

Renaud, qui était à l'agence quand je lui ai appris tout cela, est rentré tôt ce jour-là. Nous avions besoin de nous.

J'ai contacté Charlotte, une personne qui a beaucoup compté pour moi pendant tout notre parcours en Russie, et même après.

Son mari et elle avaient aussi choisi de passer par Vadim après toutes leurs précédentes péripéties en Ukraine et via leur organisme autorisé pour l'adoption. Ils avaient déjà adopté un petit garçon en Russie quelques années auparavant, et ils avaient accepté l'adoption d'un petit frère à Moscou quelques semaines après nous. Nous nous suivions donc de très près dans les étapes administratives. Charlotte et moi échangions énormément pendant les périodes de stress et nous nous informions du moindre élément de la procédure. Nous nous épaulions et passions notre vie à discuter via SMS, Facebook, Skype, etc. Nous ne nous étions jamais rencontrées « en vrai » à cette époque. Charlotte était aussi déconfite que moi à chaque étape. Elle était devenue ma meilleure amie « virtuelle ».

Après ce nouvel échec au tribunal, nous avons demandé des comptes à Vadim, puisqu'il s'était présenté à nous comme quelqu'un de fiable et d'irréprochable au début de nos démarches. Voici sa réponse, traduite de l'anglais :

Selon la loi, la juge ne peut ajourner le jugement que deux fois, ce qu'elle a déjà fait. L'audience du 1er août sera considérée comme un nouveau jugement, d'où la nécessité de votre présence à tous les deux. La juge a confirmé qu'elle dirait oui si vous étiez toujours intéressés par l'adoption de Dimiod. Elle n'a pas demandé de nouveaux documents.
Vadim

Dans les jours qui ont suivi, nous avons obtenu quelques précisions quant à cet ajournement a priori incompréhensible, puisque le dossier était complet. Vadim n'avait jamais été confronté à cette situation auparavant. Il nous a rapporté que cette juge était coutumière du fait et passait sa vie à ajourner les jugements, tergiversant à la moindre occasion. Quel intérêt à part celui de satisfaire la Cour suprême ?

Vadim nous expliqua ce qui s'était passé pour nous. En résumé, lors du premier jugement, il manquait un papier, que Vadim a obtenu pour le deuxième jugement. Celui-ci ne constituait en quelque sorte qu'une « audience de vérification », au cours de laquelle la juge a vérifié que le document était bien conforme. C'est pourquoi nous n'avions pas eu besoin d'être présents. Comme tout était O.K., il fallait un nouveau jugement, avec cette fois-ci toutes les pièces au dossier. Et la juge ne pouvait plus nous refuser l'adoption, car tout était conforme. C'était pour cela qu'elle avait affirmé à Vadim qu'elle rendrait un jugement positif le 1er août 2013 si nous étions toujours d'accord.

Malgré toutes ces explications, nous avions perdu confiance en Vadim et n'étions plus sûrs de rien. Quel bel été !

– 25 –

LA DÉLIVRANCE

Nous sommes repartis le mardi 30 juillet 2013 pour Moscou. Le jugement devait avoir lieu le surlendemain. Cette fois, plus question de rester longtemps sur place, notre retour était prévu quatre jours plus tard, le samedi 3 août.

Nous avions décidé de ne pas aller voir Dimiod avant le jugement, tant nous redoutions encore un *niet* (non) de la juge qui serait plus douloureux pour moi que tous les traitements anticancéreux que j'ai subis… D'ailleurs, je n'ai pas moins souffert moralement pendant cette démarche en Russie que pendant la maladie. Le même jeu avec les nerfs. Des résultats en dents de scie tout le temps, un coup de positif pour deux de négatif. Un état fébrile permanent.

En plus, quand j'avais la leucémie, j'arrivais toujours à rire de tout, même des pires situations, alors que pour l'adoption, ce n'était plus le cas du tout. Je ne riais plus, je souffrais en permanence, et depuis trop longtemps. J'avais eu un répit après l'arrivée de Timothée, mais dès que le désir d'un autre enfant s'est fait sentir, le sentiment d'être incomplète à cause de cette foutue leucémie est revenu. J'étais aigrie, revancharde, j'en voulais à la Terre entière. Et juste avant ce troisième jugement, mon état de déprime était à son paroxysme. Est-ce qu'ils allaient enfin nous libérer de cette camisole de force qui nous paralysait au quotidien ?

Le 1er août, nous sommes donc repassés à la barre l'un après l'autre, pour dire que nous souhaitions toujours accueillir Dimiod.

Le couperet… n'est pas tombé ! Non, il est resté accroché en haut de la guillotine : notre bourreau, la juge, a enfin prononcé le *da* (oui) que nous espérions tant !

Nous étions contents, bien sûr, mais l'intensité du stress des derniers mois et les changements de dernière minute auxquels les Russes nous avaient habitués nous empêchaient de nous sentir réellement soulagés et de laisser s'exprimer notre bonheur. Tant que Dimiod ne serait pas en France, notre joie resterait bien cachée.

Le soir, nous sommes néanmoins allés dîner dans un bon restaurant pour fêter cela en tête à tête. Le lendemain, nous allions enfin revoir… Pierre-Alix ! Mais il faudrait continuer de l'appeler Dimiod, pour ne pas le brusquer. Nous n'avions plus qu'une journée avant le départ, nous ne le verrions donc que très peu de temps.

À l'orphelinat, les nounous avec qui j'avais sympathisé paraissaient ravies que le jugement soit enfin favorable. Elles avaient été affectées par nos péripéties, car elles avaient dû se dire que Dimiod risquait de ne pas être adopté. Même si elles sont très attachées aux enfants, elles savent que leur avenir est ailleurs.

La dernière rencontre avec Pierre-Alix s'est vraiment bien passée. Il marchait enfin tout seul ! Il avait seize mois.

Nous sommes repartis le lendemain l'esprit un peu plus tranquille que lors des autres voyages. Même si, avant que nous quittions l'hôtel, un pirate apparut dans le hall pour récupérer le reste de son trésor. Il arborait un grand sourire, comme s'il était sincèrement content pour nous que tout se soit bien terminé. Tu parles !

*

* *

Il y avait un délai de trente jours à respecter après le jugement avant de pouvoir sortir Pierre-Alix du territoire russe. Ce qui nous menait au 1er septembre. En pleine rentrée scolaire pour notre aîné de quatre ans. Or il était hors de question qu'on ne soit pas là pour cette rentrée, surtout que nous avions l'intention d'emmener Timothée avec nous en Russie pour le dernier voyage.

Nous avons donc décidé que je partirais seule le lundi 9 septembre. Je resterais une semaine et irais voir Pierre-Alix tous les jours, jusqu'à ce que Renaud et Timothée me rejoignent, le dimanche 15. Alors, enfin, nous irions chercher le petit dernier à l'orphelinat tous les trois le lundi ou le mardi suivant.

Cela permettrait à Timothée de faire une rentrée normale et de participer aux premiers ancrages de sa moyenne section afin de ne pas être perdu en découvrant à son retour une nouvelle classe dont la routine se serait mise en place sans lui.

Timothée est un enfant très émotif et introverti, il garde tout à l'intérieur. Il est très difficile de percer son petit cœur pour savoir ce qu'il renferme. Notre fils sait magnifiquement exprimer son amour mais ne révèle pas ses angoisses et n'évoque pas ses blessures. Pourtant, il vit tout au premier degré, le moindre changement dans sa vie l'atteint.

Il était tellement content d'avoir bientôt un petit frère ! Mais tous ces bouleversements dans sa vie allaient être durs, nous le savions. Il avait été enfant unique pendant trois ans. Il allait devoir partager sa maman et son papa ainsi que son territoire.

– 26 –

DERNIER VOYAGE

La « reprise » se passa sans problème pour Timothée, et je pus faire mes valises. Entre-temps j'étais allée à Paris pour me procurer des visas qui nous coûtèrent encore un bras, et réserver les billets d'avion spécial adoption.

Nous avions loué un appartement pour ce dernier voyage, car nous étions maintenant plus à l'aise à Moscou. Mais, dix jours avant le départ, le bailleur nous annonça qu'il y avait eu un malentendu avec l'agence en ligne : l'appartement était en travaux. Nous n'étions plus à un retournement de situation près ! Nous avons réservé en urgence un hôtel situé à une station de l'orphelinat, dans un quartier populaire en face d'un immense parc.

Je suis arrivée là-bas le 9 septembre, comme prévu, et dès le lendemain je partais voir Pierre-Alix. Tout avait changé. Notre fils n'était plus dans le même groupe d'enfants, il n'avait plus les mêmes horaires ni les nounous qui l'avaient choyé depuis son arrivée.

Je me suis retrouvée face à un petit bonhomme complètement éteint. Plus de malice dans le regard, plus de sourires. Un zombie. Pour une fois, il n'a pas pleuré quand je l'ai emmené jouer dehors. Mais il était absent, triste.

Je n'ai pas mis longtemps à comprendre pourquoi. Il avait changé de secteur dans l'immeuble début août, après notre départ. Toutes ses habitudes en avaient été chamboulées, il était devenu le plus petit parmi les plus grands. Il avait perdu sa « maman-nounou » et tous ses repères. Les nouvelles nounous n'étaient pas très agréables avec les enfants, j'avais l'impression qu'elles n'y étaient pas attachées.

En repartant, j'ai appelé Renaud et lui ai dit qu'il m'était impossible d'attendre son arrivée avec Timothée pour sortir Pierre-Alix de cette cage qui n'était plus dorée. Notre enfant n'était plus celui que nous avions connu, je ne pouvais pas supporter qu'il soit malheureux une semaine de plus. Il était grand temps que tout cela se termine. Tant pis pour notre sortie d'orphelinat idéale en famille. Renaud acquiesça et me dit de régler le problème avec notre trio infernal Vadim-Anna-Youri.

La sortie officielle était prévue le lundi 16 septembre. Nous étions le mardi 10. J'avais dû batailler pour voir Pierre-Alix deux fois dans la journée à chaque visite : le matin et l'après-midi. J'estimais que j'avais désormais tous les droits, puisque le délai légal était passé et que j'étais officiellement sa maman.

Mais la directrice ne l'entendait pas de cette oreille et avait annulé la visite de l'après-midi. J'ai ordonné à Vadim de la faire revenir sur sa décision, et j'ai eu gain de cause. J'étais une lionne dans la savane, défendant son lionceau contre les prédateurs. Maintenant, je pouvais sortir les griffes et rugir sans risque.

Le lendemain, mercredi 11 septembre, je trouvai Pierre-Alix toujours aussi apathique. J'ai donc confirmé à Anna que je le sortirais définitivement de l'orphelinat le lendemain et l'ai chargée de transmettre le message à Vadim, afin qu'il se débrouille pour que cela soit possible.

Quelques heures après, je reçus un mail m'annonçant que la directrice ne voulait pas que Pierre-Alix quitte son établissement avant le lundi, arguant qu'il n'était pas prêt. Comment ça, il n'était pas prêt ? Et puis quoi encore ? Folle de rage, je sommai Vadim de régler immédiatement la situation, car j'emmènerais mon fils le lendemain, c'était non négociable ! Je lui réaffirmai que j'étais pleinement dans mon droit et que la directrice n'avait absolument pas la possibilité de m'en empêcher, elle m'avait déjà assez fait suer comme ça. Pour une fois, c'était moi qui ferais preuve d'un peu d'autorité.

Une heure après, Vadim me répondit que c'était d'accord. Il méritait un peu plus ses honoraires faramineux…

Il fallait maintenant que je m'organise, car il n'était pas prévu que Pierre-Alix débarque si tôt dans ma chambre d'hôtel. Nous avions réservé une suite à partir du samedi soir, pour être plus à l'aise avec les deux enfants. En attendant, j'étais dans une petite chambre standard. Je demandai que l'on installe un lit à barreaux à côté du mien. Je n'aurais plus beaucoup de place pour circuler dans la pièce, il allait falloir que j'optimise l'espace restant. Autre problème : je n'avais pas de poussette, c'était Renaud qui devait l'apporter le dimanche. Or il allait falloir que je balade mon lionceau et que je fasse des courses quotidiennement.

L'hôtel était une grande tour, et ma chambre surplombait la ville. De mon mirador, je pouvais apercevoir l'enseigne lumineuse d'un Auchan – le A et l'oiseau ne laissaient aucun doute –, seulement je n'avais aucune idée du chemin à prendre pour m'y rendre. J'ai regardé le plan de la ville, fait des recherches pour le retrouver sur Internet… Mais il était définitivement trop loin pour que je m'y rende à pied. Pourtant, cela aurait été idéal comme endroit pour acheter une poussette, du lait en poudre et des petits pots, et surtout quelques vêtements pour

Pierre-Alix, car je n'avais rien. C'était Renaud le livreur de toutes ces choses-là !

Pas du genre à renoncer quand j'ai une idée fixe, je descendis à la réception pour me renseigner. Le réceptionniste m'expliqua en anglais qu'il y avait un bus juste à côté de la station de métro d'en face qui m'y emmènerait directement. Il m'écrivit « Auchan » en cyrillique sur un bout de papier pour que je puisse montrer ma destination au chauffeur.

Je sortis de l'hôtel et me dirigeai vers la station. Je vis bien des bus jaunes de ville, mais ce n'étaient pas les bons. Je fis le tour de la station de métro et traversai toute l'avenue sans trouver ce bus.

Alors que je revenais sur mes pas en me disant que je me débrouillerais autrement, je vis les logos d'Auchan et de Leroy Merlin, si reconnaissables, collés sur le pare-brise arrière d'un véhicule d'un autre âge à l'arrêt. Une espèce de camionnette blanche, sale et rouillée. Le regard interrogateur, je présentai mon petit papier à l'une des dames assises dans la « bétaillère ». Elle me fit signe que je ne m'étais pas trompée et me montra une affichette où était inscrit le prix à payer. Je sortis les quelques roubles et les tendis à la personne assise à droite du siège du conducteur, qui était absent. Je n'obtins aucune réaction, pas même un regard. On me fit comprendre de ne pas lui parler. Il fallait que je donne mes sous à l'une des passagères, chargée de cette tâche par les autres. Les femmes à bord étaient plutôt corpulentes, avec un fichu sur la tête et un cabas à la main. Les matriochkas existent vraiment ! Je payai et m'installai. Le chauffeur entra, et la préposée aux sous lui remit nos pièces.

Je me demandais si j'allais vraiment arriver à destination et, si oui, à quelle distance du supermarché on me déposerait. J'allais sans doute encore me perdre dans un quartier complètement inconnu. Je ne savais même pas comment revenir, mais je me disais qu'au pire je rentrerais à pied en mettant toutes mes courses dans la poussette. Néanmoins, plus on avançait plus je me rendais compte qu'il fallait obligatoirement passer par une avenue sans trottoir. Comment allais-je faire ?

Je n'avais aucune idée de l'aventure dans laquelle je venais de me lancer. J'avais la nette impression d'être dans l'émission « Pékin Express », avec ma pancarte **Ашан** (Auchan) et ma manière de m'adresser au gens en mimant et en minaudant pour que l'on me réponde. Il ne manquait plus que les caméras, mais surtout un partenaire, car pour le coup j'étais vraiment seule dans mon bourbier.

La bétaillère finit par s'arrêter net devant la porte du magasin Auchan : royal ! En descendant, je vis plein d'autres camionnettes-bétaillères qui attendaient le chaland. Certaines indiquaient « Sokolniki », l'endroit d'où je venais. Ouf, sauvée !

Quand j'entrai dans mon paradis du moment, quelle ne fut pas ma surprise de découvrir que c'était en fait une galerie marchande géante, avec un Zara, un Décathlon, un Leroy Merlin et toutes les enseignes du groupe Auchan. Sans compter les représentants des chaînes internationales de bars et de fast-foods. J'étais de retour en France ! Chouette ! Je filai immédiatement chez Zara Baby pour faire quelques emplettes afin d'habiller Pierre-Alix correctement, puis je fis un détour par le Décathlon, pour enfin atterrir dans le lieu saint de la consommation : Auchan.

Je n'eus aucune difficulté à trouver une poussette très bon marché. Au rayon bébé, j'ai été stupéfaite de constater la présence de tous les produits vendus en France à côté des marques russes. Mais comme je ne comprenais absolument rien à ce qu'indiquaient les étiquettes, j'ai eu peur de prendre du lait infantile pour nourrisson au lieu de celui destiné aux petits de dix-huit mois. J'étais face à un immense rayon de laits en poudre et de nourriture pour bébé dont les gondoles étaient d'une hauteur incroyable. Tout était extrêmement bien aligné. Un mur coloré de boîtes et de petits pots.

J'ai appelé mes sœurs à la rescousse. Je leur ai envoyé à toutes les deux une photo des différentes boîtes de lait pour qu'elles me disent si elles les reconnaissaient et m'indiquent laquelle il fallait prendre.

Elles n'eurent aucune peine à me répondre et reconnurent tout de suite la bonne boîte. Je bénis Nestlé de ne pas avoir changé son design en fonction du pays ! Pour les petits pots, c'était plus facile, car il suffisait de regarder les images pour savoir ce qu'il y avait dedans. Ma mission accomplie, je regagnai l'hôtel à bord de l'une des bétaillères.

Je rangeai soigneusement mes achats et, comme au Vietnam, j'aménageai la salle de bains et la chambre pour que tout soit opérationnel lorsque mon petit fauve découvrirait sa nouvelle grotte. Le meuble télé couvert d'une serviette-éponge ferait office de table à langer, le lavabo de la salle de bains servirait à faire la vaisselle, la bouilloire me permettrait de faire chauffer l'eau des biberons. Pierre-Alix mangerait les petits pots à température ambiante, comme Timothée. J'avais hâte, tellement hâte ! Mon petit nid était prêt. J'étais sereine.

*

* *

Jeudi 12 septembre 2013. Youri, Anna et moi sommes arrivés en fin de matinée, à l'heure fixée par la directrice... qui n'était pourtant pas là. Elle se trouvait dans un autre orphelinat et risquait de ne pas rentrer de sitôt. Bien sûr, elle ne nous avait pas prévenus de ce contretemps. J'étais sûre qu'elle l'avait fait exprès : elle n'appréciait pas que j'outrepasse ses ordres. Nous n'avions d'autre choix que d'attendre qu'elle revienne, car nous avions besoin de sa signature pour emmener Pierre-Alix.

J'en ai profité pour changer mon fils, car je devais rendre ses « magnifiques » habits russes à l'institution : un pull bariolé tricoté main tout usé, des chaussures roses trop petites, un tee-shirt… Maintenant, c'était nouveau look pour une nouvelle vie ! Habillé avec un pantalon beige, une chemise et un sweat Gap bleu marine que j'avais emporté dans mes bagages, ce n'était plus le même petit garçon ! En plus, il était souriant et ne pleurait plus en ma présence.

Deux heures plus tard, je fulminais quand la directrice arriva enfin, la bouche en cœur. Elle nous dit que tout était réglé et que nous pouvions partir. Je lui posai quand même quelques questions quant aux goûts alimentaires et au mode de vie de Dimiod. Je n'obtins que très peu d'éléments de réponse.

Je pris mon fiston dans mes bras car il commençait à fatiguer, et nous avons enfin regagné la voiture de Youri.

Pierre-Alix, pourtant calme jusque-là, émit quelques pleurs, qui cessèrent très vite. Il manifestait ainsi son mécontentement devant le bouleversement de son quotidien. Mais il s'est endormi rapidement contre moi. Exactement comme Timothée trois ans plus tôt, quand il a quitté avec nous Go Vap, au Vietnam.

Et moi, j'adorais ça. Je ne savais pas ce que l'avenir me réservait une fois seule avec lui à l'hôtel, mais je profitais de cet instant de bonheur. J'avais enfin retrouvé le sourire, un sourire franc, à l'extérieur comme à l'intérieur. Une libération !

Youri déposa Anna en premier, et je lui fis mes adieux, puisque nous ne nous reverrions plus jamais. Son travail sur place avec nous était terminé, la suite se ferait par courriel. La fin de la procédure ne concernait que l'ambassade de France, qui devait nous délivrer un visa pour Pierre-Alix, et pour cela nous n'avions pas besoin d'une traductrice, mais seulement de Youri, pour les trajets.

Celui-ci me déposa au pied de ma tour-hôtel avec mon fils. La vie allait pouvoir recommencer. Que j'étais heureuse ! Je n'avais même plus peur. Enfin libres, enfin seuls, enfin tous les deux ! Plus personne pour limiter la durée de nos entrevues ! J'avais été si souvent éconduite... Je savourais maintenant la récompense de notre ténacité.

Je filai dans ma chambre pour changer et coucher Pierre-Alix. Je pus enfin toucher son petit corps, et par là même le découvrir. Il somnolait. Je le mis en body puis le glissai dans son lit. Dès qu'il fut endormi, j'appelai Renaud sur Skype pour lui montrer notre bijou et lui raconter l'aventure.

La fin de cette première journée se déroula idéalement. Cependant Pierre-Alix n'émettait aucun son. Je commençais à m'inquiéter : et s'il était quand même muet, finalement ? Après tout, il avait toujours fait des petits bruits avec sa bouche, mais on ne l'avait jamais entendu prononcer un seul mot. À dix-huit mois, un enfant disait bien au moins un mot, non ?

Panique… de courte durée ! Je me souvins des nourrices sympas qui s'étaient occupées de lui si longtemps, et je me rassurai en me disant que, s'il avait eu un problème de communication, je l'aurais su. Des résidus de stress, en somme ! Pierre-Alix était sage, certes il ne disait rien, mais il souriait quand je le taquinais.

Le soir, j'ai constaté qu'il n'avait aucun problème pour manger à la cuillère mais qu'il ne savait pas prendre un biberon : il n'arrivait pas à téter. J'abandonnai donc les biberons, car c'était une catastrophe, ça le faisait pleurer.

Je l'ai mis dans sa poussette et suis descendue avec lui au supermarché du coin. Pierre-Alix n'appréciait pas du tout d'être attaché et il était tard, mais je voulais qu'il boive quelque chose. Je pris des briquettes de lait avec une paille ainsi que des briquettes de jus de fruits, puis je regagnai la chambre au plus vite. Je savais qu'il aimait boire à la paille, car j'avais déjà fait un essai lors de l'une de mes visites.

Il restait maintenant l'épreuve quelque peu redoutée du premier bain. Intrigué, dès qu'il entendit l'eau couler il rappliqua dans la salle de bains et observa la scène dans l'embrasure de la porte. Les choses se corsèrent lorsque je voulus mettre Sa Majesté dans la baignoire : il a recroquevillé tout ce qu'il pouvait pour ne pas toucher l'eau. J'ai bien cru que j'allais le faire basculer la tête la première tellement il gigotait. Comme avec Timothée au Vietnam, je n'ai pas insisté : il pleurait trop. Ce n'était que partie remise.

Nous nous sommes couchés tranquillement, et la nuit fut paisible. Paisible… que j'aimais ce nouvel état !

Les autres jours se déroulèrent tout aussi tranquillement. Petit à petit, nous prenions nos marques. J'appelais toujours Pierre-Alix Dimiod, pour ne pas le bousculer. Nous étions très souvent sur Skype avec Renaud et Timothée. Je lisais dans les yeux de mon aîné une certaine tristesse de me voir avec un autre enfant, mais il montrait aussi beaucoup de joie d'avoir un petit frère.

J'étais impressionnée par l'envie frénétique de tout découvrir et la faculté d'adaptation de mon nouveau petit prince. Il semblait avoir vécu depuis toujours dans cet hôtel alors qu'il n'était jamais sorti de son orphelinat. Toutes les infrastructures étaient des jeux pour lui ! Il courait, rigolait.

Nous étions dans un hôtel où débarquaient plusieurs fois par jour des cars entiers de touristes, mais lui semblait indifférent à tout ce remue-ménage. Il souriait à tout le monde avec son regard de filou.

Il a des cils d'une longueur à faire pâlir toutes les femmes. Quand il cligne des yeux, il me fait penser à Bambi. J'adore les hommes qui ont de longs cils, je trouve que cela leur donne un charme ensorcelant.

Le samedi matin, le personnel de l'hôtel m'a aidée à transporter nos affaires dans la suite. Quel changement ! C'était immense ! Une chambre, un très grand salon cosy et une cuisine fermée tout équipée. Mais le clou du spectacle, c'était la vue. Nous étions tout en haut de la tour, face à l'un des plus grands parcs de Moscou. De la verdure à l'infini. J'attendais Renaud et Timothée pour m'y rendre. Nous allions être tellement bien en famille ici. L'hôtel avait installé deux lits parapluies côte à côte près du nôtre. Les garçons allaient donc dormir ensemble, simplement séparés par les filets.

*

* *

Le dimanche, quand Renaud me prévint que Youri allait les déposer à l'hôtel, Timothée et lui, quelques minutes plus tard, je descendis les attendre dans le hall avec Pierre-Alix. Et l'instant fatidique arriva…

Renaud et Timothée apparurent à la porte, suivis de Youri portant les valises. Dès qu'il nous aperçut à l'autre bout du hall, Timothée se mit à courir à toute vitesse et me sauta dans les bras en criant un « Maman ! » libérateur.

Pierre-Alix, stoïque, ne comprenait absolument pas ce qui se passait. Timothée se tourna alors vers lui pour lui dire bonjour, mais, jaloux comme un pou, Pierre-Alix hurla et pleura très fort, refusant de se laisser toucher.

Pauvre Timothée, lui qui attendait depuis si longtemps ce moment. J'ai eu vraiment de la peine pour lui. Mon émotif se faisait complètement jeter par son nouveau petit frère. Il n'a pourtant rien dit. Comme d'habitude, il a tout gardé à l'intérieur. Si moi j'avais le cœur lourd, celui de Timothée avait dû se briser.

Renaud prit rapidement Pierre-Alix dans ses bras pour faire cesser ses pleurs, et j'expliquai calmement à Timothée la réaction de son frère. Je lui racontai qu'il s'était comporté avec moi de la même façon à chacune de mes visites à l'orphelinat, au début. Je lui expliquai qu'il était un peu jaloux car il nous avait eus pour lui tout seul jusqu'à maintenant, qu'il ne comprenait pas encore ce qu'était un frère et qu'il allait lui falloir un peu de temps.

Timothée ne répondit rien. Il continua néanmoins les jours suivants d'essayer d'approcher son frère, mais la réaction du plus jeune fut à peu près la même : il se mettait à chouiner sans larmes. Timothée n'avait toujours pas le droit de le toucher.

Au fil des jours, nous apprenions à vivre à quatre tout en commençant à préparer le retour. Pierre-Alix avait enfin accepté d'entrer dans la baignoire grâce à la présence rassurante de Timothée et à l'attrait des petits jouets aspergeurs.

Renaud s'est occupé du visa de Pierre-Alix, et nous devions encore aller présenter le petit à l'ambassade pour une reconnaissance – il fallait que cette dernière s'assure que l'enfant était bien avec nous.

Nous avons emmené les garçons sur la place Rouge, pris des tonnes de photos, déjeuné dans le *dinner* américain que nous connaissions, et Timothée a adoré cet endroit tout autant que nous. Nous nous sommes baladés dans l'immense parc face à l'hôtel, qui était absolument génial. Nous avons pris le métro souvent, et à chaque fois, voyant que nous étions avec deux enfants, les gens se levaient pour nous laisser leur siège. Même les grands-mères cédaient leur place à Timothée ! Les enfants en Russie étaient vraiment considérés comme des tsars…

– 27 –

COCOONING

Nous avons regagné la France le vendredi 20 septembre. Cette fois, nous n'avions demandé à personne de venir nous chercher. Nous avons récupéré la voiture de Renaud au parking de Roissy et sommes rentrés à la maison tous les quatre.

Il fallait que Pierre-Alix comprenne que nous étions ses parents, et nous ne tenions pas à ce qu'il rencontre beaucoup de monde tout de suite. Il fallait qu'il intègre que désormais cette chambre à l'ambiance montagnarde était la sienne.

Timothée avait dû renoncer à cette pièce, attenante à la nôtre, et s'installer dans celle d'à côté. Nous souhaitions que Pierre-Alix soit tout près de nous, comme l'avait été l'aîné au début. Nous pouvions ainsi entrouvrir notre porte pour qu'il ne se sente pas seul et perdu.

Mon grand avait très bien compris et n'avait pas rechigné. Nous lui avions dit qu'il pourrait choisir exactement ce qu'il voulait comme moquette et comme papier peint. Et il nous avait répondu : « Je veux exactement la même chambre ! » Soit. Nous avions donc remis la même moquette rouge et repassé un coup de peinture blanche sur les murs déjà un peu défraîchis.

Timothée retourna à l'école après une semaine à la maison avec Pierre-Alix. Il fut très fier de présenter son petit frère à ses camarades. Pendant que nous étions à Moscou, il avait communiqué avec sa classe et envoyé des photos à la maîtresse, qui avait à son tour expédié une photo de toute la classe avec un mot des élèves. Et depuis, chaque fois que j'arrivais avec Pierre-Alix à l'école, les copains de Tim se ruaient sur lui en disant : « C'est le petit frère de Timothée ! », et ils lui faisaient des bisous.

La période d'adaptation et d'attachement s'avéra plutôt difficile pour moi. Pierre-Alix était divin avec son père, de plus en plus attaché à son frère, mais avec moi subsistait un certain rejet. Pour couronner le tout, il était excessivement capricieux et pleurnichait pour un oui, pour un non. Quand il n'était pas d'accord, il fermait les yeux et émettait le bruit d'un pleur, mais sans les larmes qui vont avec. Il fermait juste les yeux et mimait des sanglots. Il était tellement ridicule que cela nous faisait rire. Sa moue était impayable.

Le problème était qu'il n'y avait pas de pause, il faisait cela à longueur de journée. Il me testait en permanence. J'étais déjà éreintée par cette année difficile, mais en plus je vivais un enfer à la maison.

Au bout de quinze jours, j'ai fait une sorte de post-partum. Je crois que j'en avais supporté plus que ce qu'il m'était possible d'endurer. Et pourtant, je n'avais pas été épargnée depuis l'âge de dix-huit ans. L'accumulation m'a fait craquer. J'avais même des envies de suicide tellement j'étais à bout. Moi, me tuer ? Il fallait vraiment que j'aie perdu l'esprit pour en arriver là !

Renaud me conseilla d'aller me reposer trois jours chez mes parents. Je lui répondis que je ne pouvais pas laisser Pierre-Alix, que la période de cocooning n'était pas terminée, etc. Il me coupa la parole et m'ordonna presque de partir. Il avait tellement raison ! Il valait mieux que j'aille me reposer quelques jours, plutôt que mon petit baby blues se transforme en profonde dépression.

M'éloigner de la maison m'a fait un bien fou. Trois jours, seulement trois jours, qui me permirent de dormir et de respirer un peu d'oxygène, pour évacuer le stress de la semaine seule à Moscou, des démarches éprouvantes, des hurlements de Pierre-Alix, de son rejet… J'avais enchaîné toutes ces périodes difficiles sans aucune pause, et il était temps que ça s'arrête.

Je suis rentrée plus sereine, mais cela n'a pas empêché Pierre-Alix de continuer à m'user jusqu'à la moelle. J'ai tenu bon, je n'ai cédé à aucun de ses caprices et je suis restée sourde à ses pleurs d'apprenti comédien.

Il a fini par comprendre qu'il n'aurait pas gain de cause avec moi et qu'en termes de tête de bois, il avait trouvé son maître. On a vu sa mimique simulant les larmes disparaître complètement. Il a commencé à être obéissant et, finalement, même si c'était un gamin remuant – qui le resterait probablement d'ailleurs –, il devint très agréable.

Six mois après, nous pouvions enfin dire que l'attachement avait eu lieu d'un côté comme de l'autre, car j'avais eu du mal à m'attacher à un enfant qui me rejetait sans cesse. Je me protégeais autant que lui. Depuis la naissance, il avait peut-être eu souvent le sentiment d'être abandonné par des femmes, sa mère biologique tout d'abord, puis les différentes nounous, et puis moi, à chaque fois que je repartais pour la France. Il avait de quoi montrer les crocs. Je le savais, et c'est pour cela je n'ai rien lâché. Il fallait que je gagne sa confiance. Il se méfiait aussi un peu de ses mamies. En revanche, il sautait dans les bras de ses papys.

Timothée et Pierre-Alix sont devenus très proches. Ils sont très attachés l'un à l'autre. Pierre-Alix voit son frère comme une icône, un exemple, une star !

Timothée est plus réservé, mais il se soucie toujours de savoir où est son frère. Ils se font des câlins, veulent dormir dans la même chambre. Ils s'aiment très fort, en somme.

C'est souvent le plus petit qui est l'initiateur des bêtises qu'ils font ensemble. Ils ont des caractères tellement opposés qu'ils sont complémentaires. Timothée, toujours sage, apprend la transgression des règles avec son frère. Et Pierre-Alix, la canaille, apprend à dire « je t'aime » et à faire des câlins en voyant son grand frère exprimer sa tendresse à ses proches. Finalement, notre petit dernier est un grand affectueux qui réagit mal quand il se sent un peu délaissé.

Quelques mois après l'arrivée de Pierre-Alix, nous nous sommes rendus à l'hôpital Necker pour faire un bilan de santé des enfants avec un médecin spécialisé dans l'adoption. Nous ne connaissions pas vraiment tout leur passé médical, mais ce médecin, tel un enquêteur, devait essayer de le reconstituer en les soumettant à une batterie d'examens. À l'issue de cette consultation, il nous affirma que nos deux fils étaient en superforme, à quelques carences vitaminiques près.

Mais tout n'était pas fini pour autant !

*
* *

Pour brandir enfin le drapeau de la victoire, il fallait remporter la dernière partie : obtenir l'adoption plénière de Pierre-Alix près le tribunal de grande instance (TGI) d'Amiens. Nous avions encore très peur : sur les forums d'adoptants en Russie, certains ne l'avaient pas obtenue et repartaient donc dans des démarches judiciaires longues et usantes.

La première étape fut d'envoyer au TGI tous les papiers originaux émanant des autorités russes, y compris le jugement. Le TGI fixerait une date d'audience. J'ai envoyé le dossier au printemps 2014.

Plusieurs mois après, sans nouvelles du tribunal, j'ai décidé d'appeler la greffière pour savoir où en était notre dossier. Elle m'informa que nous allions passer en octobre ou novembre 2014. Or le visa de Pierre-Alix expirait en septembre : nous allions abriter un petit sans-papiers !

Fin octobre, cependant, toujours rien. J'ai donc recontacté la greffière. « Stupeur et tremblements », celle-ci me déclara qu'elle allait justement m'appeler pour me demander pourquoi nous ne nous étions pas présentés à notre audience de la veille ! Quand je lui ai répondu que nous n'en avions pas été informés, elle me rétorqua qu'elle nous avait pourtant envoyé deux lettres recommandées nominatives un mois auparavant. Et là, j'ai compris ! Effectivement, deux lettres nous attendaient au bureau de poste mais, persuadés qu'il s'agissait de relances pour une facture que nous venions tout juste de payer, nous avions mis les avis de recommandé à la poubelle ! J'étais mortifiée à l'idée que cela puisse nous porter préjudice, et la juriste me passa un sacré savon… avant de m'informer que nous comparaîtrions devant les juges le 14 novembre, munis cette fois de nos précieux recommandés !

À l'heure dite, le 14 novembre, nous attendions notre tour avec Pierre-Alix dans la salle des pas perdus. À l'appel de notre nom, nous nous sommes avancés dans la salle d'audience, un prétoire classique avec des bancs, un pupitre et une ribambelle de magistrats. C'était l'heure de la sieste pour Pierre-Alix, il était très agité.

Le juge principal nous a posé quelques questions assez anodines sur notre quotidien avec notre fils, et cela s'est vite terminé par l'accord pour l'adoption plénière, sous réserve du jugement, qui aurait lieu le 12 décembre. Quel soulagement ! Renaud était encore sur la défensive : il ne se réjouirait que quand nous aurions reçu les recommandés signifiant noir sur blanc cette décision du tribunal. Mais moi, j'étais déjà confiante. Le procureur n'avait rien dit, pourquoi s'opposerait-il à l'adoption plénière après cette décision ?

Nous avons reçu le jugement le 16 décembre 2014. Non seulement Pierre-Alix était enfin officiellement notre fils, comme tout enfant biologique, avec exactement les mêmes droits, mais surtout il devenait français ! Je me sentais comme la femme du tableau d'Eugène Delacroix *La Liberté guidant le peuple*, une femme qui a livré un dur combat et se retrouve à moitié nue, usée par les épreuves, mais qui brandit son jugement comme un étendard : « Mon fils est français ! Nous avons gagné ! Nous sommes libres maintenant ! » Libres de pouvoir passer à autre chose. Libres de toutes ces angoisses qui nous ont tenaillés tout au long du chemin.

Nous n'avions plus qu'à attendre que l'on nous envoie la transcription du jugement sur les registres français et l'acte officiel de naissance émanant des autorités françaises pour faire inscrire Pierre-Alix sur notre livret de famille et lui faire établir un passeport à son nom.

Ce passeport, je le regarde aujourd'hui comme un petit livret précieux qui signe vraiment la victoire. Pierre-Alix a maintenant un passeport russe et un passeport français. Il a deux nationalités. Et nous, nous avons officiellement deux fils.

*
* *

À l'heure où je termine ce livre, cela fait un an que Pierre-Alix est avec nous. Je suis devenue aussi fusionnelle avec lui qu'avec Timothée. Les soucis d'attachement sont loin derrière nous. Nous nous sommes adoptés définitivement. Renaud est un papa très présent, et nos enfants sont heureux. Nous sommes une famille unie par des liens du cœur indéfectibles.

ÉPILOGUE

Aujourd'hui, quand je regarde mes enfants, je n'imagine pas qu'ils n'ont jamais été dans mon ventre, qu'ils ne sont pas issus de nos gènes. Mon amour est si fort que cela dépasse toutes ces considérations. Ce sont nos enfants et ils sont nés bien plus profondément en nous. Ils ne sont pas nos fruits biologiques, certes, mais nos fruits spirituels. Nous les avons pensés bien plus de neuf mois, nous les avons portés en nous des années. Ils sont aussi et surtout le fruit de notre amour, car il faut sacrément s'aimer pour que le couple survive aux éreintantes procédures d'adoption.

Je n'imagine pas non plus que l'on puisse aimer ses enfants plus que nous aimons les nôtres ! Quand je caresse leur douce peau, quand je les serre contre moi, quand je les sens, ils entrent en fusion avec moi. Qu'on ne touche pas l'un de leurs cheveux, qu'on ne les heurte pas, sinon je deviens fauve !

Et dire qu'étant plus jeune je pensais qu'adopter un enfant était inenvisageable pour moi, tant je doutais que le lien soit le même qu'avec un enfant biologique… Et dire qu'il m'a fallu des années pour accepter le fait que la vie ne pousserait jamais en moi… Eh bien, j'ai perdu un temps fou à me torturer l'esprit ! La filiation entre mes enfants et moi est tellement naturelle. L'instinct maternel et sa mécanique se sont mis en place sans que je contrôle quoi que ce soit. C'était inné. Il aurait fallu que je fasse simplement confiance à la vie.

*

* *

Sans les dénigrer évidemment, car c'est assez courant, je ne fais pas partie des parents qui continuent de baigner leurs enfants dans leur culture d'origine. Nous n'allons pas fêter le nouvel an vietnamien, nous ne décorons pas la chambre de Pierre-Alix avec des poupées russes. Nous fréquentons très peu d'autres adoptants ayant des enfants nés au Vietnam ou en Russie. Timothée et Pierre-Alix sont français, leur culture est la nôtre. Cela ne nous empêche pas de leur parler de leurs pays d'origine quand un reportage passe à la télévision, lorsque nous rencontrons des Vietnamiens ou des Russes, par exemple, ou quand une situation concernant leur adoption nécessite des précisions. Leurs racines ne sont absolument pas taboues, nous les respectons et leur en parlons. Elles sont juste replantées dans un terreau fertile d'amour et d'attention.

Je fais prendre conscience à Timothée de ses différences pour qu'il ne reçoive pas le racisme en pleine figure sans y être préparé. Il a la peau très brune et les yeux bridés. Son frère est blanc mais il a les yeux bridés aussi. Timothée est prévenu qu'on va souvent lui dire qu'il est chinois uniquement parce qu'il a les yeux en amande. Il sait que c'est un attribut asiatique mais qu'il n'est pas chinois. Il sait aussi situer le Vietnam sur un globe. Un jour, à l'école, un enfant a dit à Timothée qu'il était chinois, et lui a répondu tout naturellement : « Non je suis français ! »

Pierre-Alix est encore trop petit pour tout cela, mais nous agirons de la même façon avec lui. Ils ont accès à tout ce qu'ils veulent savoir. Ils ont des milliers de photos de nos voyages en Russie et au Vietnam, de nos rencontres et des moments passés avec eux sur place.

Quand ils seront en âge de garder des souvenirs à long terme, nous retournerons visiter le Vietnam et la Russie avec eux. Ils pourront voir les orphelinats où ils ont vécu avant de partir avec nous et les hôpitaux où ils sont nés – si ces bâtiments existent encore – ainsi que tout ce qu'ils auront envie de connaître.

Timothée sait aussi pourquoi je ne peux pas porter d'enfants et ce que sont exactement une leucémie et une greffe de moelle osseuse. Je me suis appuyée sur le dessin animé *Il était une fois la vie* pour tout lui expliquer. Il a compris que la chimiothérapie a détruit mes ovaires, qui servent à « faire les bébés » (plus tard, il apprendra que c'est la radiothérapie qui les a abîmés, chaque chose en son temps...). Lorsqu'il était tout petit, qu'il n'était pas encore en âge de comprendre ce genre d'explications, je lui disais simplement que mon ventre était cassé ; et lui, il appuyait sa tête contre ce dernier avec un air attristé tant il avait pitié de moi.

C'est tout Timothée, il a pitié des autres avant même de penser à lui !

Je lui racontais qu'il était dans le ventre qui fonctionnait bien d'une autre femme, mais que celle-ci n'avait pas pu le garder. Trop pauvre, sans doute, elle voulait pour lui une vie meilleure. Et elle l'aimait tellement fort qu'elle l'avait confié à notre famille, pour qu'il soit heureux.

Je n'utiliserai jamais le mot « abandonner » avec mes fils. Et si vous expliquez l'adoption à vos enfants biologiques, ne l'employez pas non plus, car ils risquent de penser que vous pouvez les abandonner à tout moment.

Quant à Renaud et moi, nous avons gagné contre la maladie et les séquelles qu'elle nous a laissées, contre le destin, contre nous-mêmes. Nous sommes désormais une vraie famille. Une famille au sens où nous l'entendions le 1er février 1997, lorsque nous nous sommes rencontrés et que nous écoutions Joe Dassin qui chantait :

À la vie à l'amour, à nos nuits à nos jours,
À l'éternel retour de la chance,
À l'enfant qui viendra,
Qui nous ressemblera,
Qui sera à la fois toi et moi.

REMERCIEMENTS

Aux mères biologiques qui ont donné la vie à mes enfants et que je ne connaîtrai jamais.

À Timothée et Pierre-Alix, mes fils adorés. J'espère que, lorsque vous serez plus grands et que vous lirez ce livre, vous ne m'en voudrez pas d'avoir ainsi exposé le début de vos vies. Je vous aime et vous aimerai toujours « vers l'infini et au-delà », comme le dit si bien votre héros préféré du moment. Même si un jour vous doutez, sachez que moi, je ne doute pas. J'ai une chance immense de vous élever et de vous voir grandir, j'ai une chance incroyable que vous me donniez tant d'amour, j'ai simplement de la chance d'être votre maman.

À Renaud, mon mari que j'aime depuis que j'ai quatorze ans et demi. Tu es le bâton sur lequel je peux toujours m'appuyer pour ne pas tomber. Merci pour ton amour et ta tolérance envers mes extravagances. Je sais que la publication de ce livre t'agace, tant tu aimes la discrétion. J'espère que les gens respecteront ta pudeur en ne te parlant pas de tout cela.

À mes parents pour leur soutien à tous les niveaux. Je vous aime tant.

À Claire, Alix et Victor, que mon histoire personnelle n'a pas épargnés.

Aux parents de Renaud, qui sont toujours là pour nous soutenir aussi.

À Perrine J. pour son amitié.

À Isabelle, Florence, Mélanie, Stéphanie, Katell, Nelly, sœur Lucienne, Kim Chi, Alice, Sophie et Julieta. Vous m'avez apporté une aide technique ou morale précieuse, voire décisive pour certaines d'entre vous, à différents moments des démarches d'adoption de nos deux fils.

À tous ceux qui répondent aux messages sur les forums pour aider les autres adoptants dans leurs démarches ou pour remonter le moral des troupes. Votre aide est indispensable et votre engagement remarquable.

À tous les bénévoles de l'association Médecins du Monde pour leur dévouement quotidien auprès des personnes défavorisés.

À tous les intermédiaires qui ont rendu possible les adoptions de nos enfants : l'équipe Vietnam de Médecins du Monde, Sang, Anna, Youri et l'inénarrable Vadim !

À Béatrice et Huguette, deux grandes professionnelles avec qui j'ai eu la chance de travailler sur ce livre.

À Margaux et Michel Lafon de m'avoir réitéré leur confiance.

TABLE DES MATIÈRES

AVANT-PROPOS 9

1. Le prix d'une victoire 13
2. Une décision délicate 19
3. Le début de l'attente 27
4. Vers quel pays se diriger ? 35
5. Une profonde solitude 43
6. Trouver l'argent et tromper l'attente 51
7. L'escalade du dossier colombien 59
8. Gérer l'impatience 73
9. *Good morning* Vietnam ! 87
10. Médecins du Monde : l'espoir 97
11. L'appel… et encore l'attente 107
12. Nous l'appellerons Timothée… 119
13. Le premier jour du reste de notre vie 129
14. Premiers jours ensemble au bout du monde 137
15. Retour au bercail 157

16. On ne va quand même pas laisser Timothée tout seul ! 171
17. Sainte Russie 179
18. Fébrilité… 195
19. Notre presque-deuxième fils 207
20. Encore des papiers pour le jugement russe 219
21. Nouvelle menace inattendue 227
22. Jugement à la russe 233
23. Seule à Moscou 237
24. Glissement de terrain 255
25. La délivrance 261
26. Dernier voyage 265
27. Cocooning 281

ÉPILOGUE 291
REMERCIEMENTS 297

Direction littéraire :

Béatrice Argentier-Le Squer
et Huguette Maure

Mise en pages PCA
44400 Rezé

Retrouvez Perrine Huon
sur
http://perrinehuon.wordpress.com

PEFC 10-31-1510 IMPRIM'VERT®

Imprimé en France
par Corlet Imprimeur
14110 Condé-sur-Noireau
Dépôt légal : avril 2015
N° d'impression : 172031
ISBN : 978-2-7499-2473-1
LAF : 1977